Happy End

Nicolas Hazard

Happy End

30 actions pour relever
le défi écologique
sans greenwashing ni décroissance

Flammarion

Du même auteur

Le bonheur est dans le village, Flammarion, 2021.
Qu'est-ce qu'on va faire de toi ?, Flammarion, 2022.

ISBN : 978-2-0804-2411-2

Le constat est sans appel : la transition écologique n'a pas encore débuté. De l'énergie à l'industrie, en passant par l'agriculture, nous sommes au pied d'une montagne qu'il nous faudrait gravir, et que nous nous complaisons à observer et à commenter sans vraiment en entamer l'ascension. Rendons-nous compte : face au plus grand défi collectif de l'humanité, seuls 10 % de nos investissements sont tournés vers l'environnement ; 7 % de notre économie est circulaire ; 13 % de notre énergie primaire provient d'énergies renouvelables et 7 % de nos exploitations sont en agriculture biologique. Des gouttes d'eau dans un océan de croissance et de consommation.

Si aucun expert, journaliste, militant, politique n'est dupe, tous préfèrent entretenir l'illusion d'une controverse idéologique et *in fine* caricaturale, dans laquelle chacun joue sa petite partition. Une sorte de théâtre de Guignol, un concert de marionnettes parfaitement orchestré. Au vrai débat de fond sur notre avenir, on préfère les postures binaires sur le nucléaire, les caricatures sur les agriculteurs, les moqueries sur les *vegans*, ou le mélange de genres entre *wokisme* et écologie. Tout cela masque une incroyable inaction qui participe à l'exaspération légitime des Français contre leurs élites et le « système ». À qui profite le crime ? Sans nul doute à ceux qui ont le plus d'intérêts financiers dans le modèle actuel.

La réalité est glaçante : nous sommes très loin d'être à la hauteur du défi climatique. Il nous faudrait encore diviser par 6 (!) notre empreinte pour atteindre l'objectif de neutralité carbone d'ici 2050. Et ainsi être en conformité avec l'accord de Paris visant à limiter à 1,5 °C l'augmentation de la température de la planète. L'écrasante majorité de nos concitoyens est pourtant écolo dans le fond. De canicules en inondations, 80 % des Français disent déjà ressentir les effets du changement climatique sur leur vie quotidienne. Ils sont encore plus nombreux à juger que l'action des gouvernements est trop lente (92 %), et que si nous ne réduisons pas drastiquement notre consommation d'énergie et de biens, nous courons vers une catastrophe mondiale. Mais personne ne sait vraiment par où commencer, et ce qui a vraiment de l'importance.

La réalité c'est que tout le monde est paumé. Ça sert vraiment à quelque chose de baisser le chauffage ? Qui pollue le plus ? Le bio c'est un attrape-couillons ? On doit vraiment interdire les avions ? C'est fini la côte de bœuf ? Qui va payer ? On va avoir du boulot ? Le nucléaire c'est bien ou pas ? C'est encore les lobbys de Bruxelles ça ? Pourquoi on devrait faire des efforts si les Américains et les Asiatiques ne font rien ? Les voitures électriques c'est tout aussi polluant que les autres, non ?

Il va y avoir des millions de réfugiés climatiques qui vont envahir l'Europe ? On ne va pas finir par se faire bouffer par les Chinois ?

Si nous sommes si perdus, c'est qu'au fond on ne calcule pas correctement les choses. On est obsédé par le PIB, indicateur qui ne mesure ni l'impact climatique, ni le bien-être. Les rapports RSE des entreprises ne sont bien souvent que de la communication à moindres frais. Personne ne sait vraiment quel est son bilan carbone et comment l'améliorer. Et les réseaux sociaux aggravent la confusion, en relayant tout et son contraire. Ils ne font qu'hystériser les foules autour de sujets anecdotiques ou symboliques, comme une bassine ou une éolienne.

Je suis moi-même partie prenante du système. En tant qu'entrepreneur d'abord avec le groupe que j'ai fondé, je travaille aujourd'hui directement avec la plupart des grandes entreprises mondiales. Dans la sphère politique ensuite, à travers mes fonctions au sein de la Commission européenne, j'arpente les couloirs des élites dirigeantes, échangeant directement avec certains des décideurs qui ont entre leurs mains le futur de l'humanité tout entière. Et ce qu'on y découvre n'est pas toujours beau à voir.

L'ensemble de la machine est en fait complètement grippé. Pire, le système, pour perdurer, fait en sorte de semer de la confusion. On fait des belles déclarations sur le climat en versant des larmes de crocodile. On invite des militants, des entrepreneurs sociaux, on leur demande conseil. On créé des départements de responsabilité sociale, on signe des chartes sur le climat, on se déclare entreprise à mission. Mais dès qu'il s'agit de toucher à la rentabilité et aux profits, dès qu'on veut toucher à la rémunération des actionnaires, alors là, le business reprend généralement ses pleins droits. Combien de DRH, Dircom, Responsables de l'Engagement et autres j'ai vus ronger leur frein et être tout bonnement dégoûtés ! Les grands engagements qui sont pris ne sont souvent que des gesticulations pour arriver au même résultat : le *statu quo*.

La mise en scène est savamment organisée. Car le monde économique, c'est un peu comme les jeux du cirque : tout le monde s'écharpe, quand les puissants jouissent du spectacle depuis le balcon. On organise la guerre civile écologique, en montant les gens les uns contre les autres. Et le pire c'est que nous entrons de nous-mêmes dans l'arène. Pendant que certains se complaisent à stigmatiser les hommes qui font des barbecues, des multinationales continuent à vendre des bouteilles en plastique à travers le monde. Pendant qu'on balance de la peinture sur des œuvres d'art, les grandes banques continuent d'investir massivement dans les énergies fossiles. Chacun y va de sa petite provocation, de son quart d'heure de gloire, chacun tire la couverture médiatique à lui, tout le monde est à sa place dans cette grande comédie humaine.

Les Gepetto du capitalisme, eux, tirent les ficelles. Leur chef-d'œuvre est sans nul doute celui de la culpabilisation individuelle. On dénonce ceux qui jettent des bouteilles sans les trier, on organise en grande pompe des campagnes de ramassage des déchets sur les plages pour faire comprendre qu'on devrait être plus civilisés, on s'insurge contre les acheteurs de SUV, on critique les consommateurs qui n'achètent pas de bio… Les discours moralisateurs se multiplient pour remettre la faute sur les individus, qui seraient les principaux responsables de l'impasse dans laquelle nous nous trouvons. Sans savoir que bien souvent, ce sont les industriels eux-mêmes qui sont derrière ces campagnes. Car à critiquer les consommateurs, on en oublie de parler de ceux qui produisent. La culpabilisation individuelle est devenue la meilleure arme des industries les plus polluantes.

Les gouvernements sont complices, car faute d'idées et de véritable vision, ils s'accommodent très bien de ce *statu quo*. Ils prennent un plaisir coupable à punir les Français et à créer toujours plus de nouvelles normes, qui, faute d'alternatives industrielles, sont uniquement perçues comme des contraintes et *emmerdements* pour le consommateur et les PME. En revanche, ils aiment à monter un grand chapiteau, y convoquer les foules et faire de grands discours sur le développement durable et la croissance verte. C'est à celui qui se repeindra le plus en vert !

Mais les chiffres sont têtus et les citoyens le voient, nous n'avançons guère. Nous nous éloignons même de plus en plus de l'accord de Paris, que nous ne respectons pas. Quand on voit que les investissements dans la filière recyclage n'étaient en 2019 que de 625 millions d'euros, alors que les recettes publicitaires atteignaient 15 milliards d'euros, on comprend qu'on nous prend vraiment pour des imbéciles. Le but est inlassablement le même : vendre toujours plus, sans se soucier d'où les produits termineront, ni comment ils ont été fabriqués !

La jeune génération et les militants l'ont bien compris, et ressentent la pression du temps qui passe et cette vague qui risque de nous engloutir. Profondément concernés par le défi climatique, ils sont sincères et spontanés dans leur démarche, mais ne jouent malheureusement souvent que le rôle d'idiots utiles du système en place. Souvent sans solution concrète, ou du moins réalisable à court terme (qui est l'échelle à laquelle nous devons agir !), leurs paroles sans filtre et parfois sans nuance sont vite balayées d'un revers de main par les dirigeants d'un côté, et montées en épingle par ceux qui portent le masque du conservatisme, pour les décrédibiliser. Et plus les militants sont radicaux, plus leurs positions se retrouvent renforcées aux yeux de la majorité des Français !

Quelles sont dès lors les perspectives d'avenir qui nous sont proposées ? Nous sommes là encore confrontés à un profond clivage : entre éco-anxieux prônant la décroissance, et fétichistes du progrès pataugeant dans le *greenwashing*. Deux visions, deux camps : décroissants et technophiles.

Aucun de ces chemins ne me semble aujourd'hui véritablement viable, si l'on veut agir vite et être à la hauteur de l'enjeu. La décroissance est encore une dystopie pour des milliards d'individus en quête de possessions matérielles. Personne n'en voudra dans les vingt ans à venir. Le conservatisme actuel, teinté de grands discours et basé sur la croyance en de nouvelles technologies salvatrices, fait quant à lui figure de pari sur l'avenir bien trop hasardeux.

Je suis persuadé qu'une troisième voie existe, permettant de véritablement concilier protection de l'environnement et développement de notre qualité de vie. Et de réconcilier des Français qui ont envie de participer et de soutenir un autre modèle. Pour y parvenir, il faut dès maintenant massivement investir dans des entreprises qui vont transformer en profondeur nos modèles de production et de consommation, avec une certaine radicalité. Car oui la clé du succès est avant tout économique et financière, il faut un choc sur l'offre ! Nous n'allons pas arrêter de consommer, mais nous devons consommer mieux. Autant faut-il que nous en ayons les moyens, en termes de choix comme de prix.

Transformer nos entreprises, refondre notre fiscalité, repenser notre économie sont les préalables indispensables pour une société nouvelle, *de facto* plus égalitaire et où la valorisation du capital humain occupe une place centrale. Et cela ne coûterait pas si cher, surtout au regard du coût exorbitant de l'inaction climatique. Encore une fois, cela n'implique pas que nous vivrons moins bien, au contraire. Ces ajustements nous rendront plus forts, plus résilients, et plus heureux. Pas de révolution, pas de grand sacrifice, juste une société qui évolue avec son temps et ses enjeux. Contrairement à ce que tout le monde raconte, c'est possible !

À l'opposé des Cassandre, déclinologues, et autres collapsologues qui ne proposent jamais aucune véritable solution, et contrairement aux grandes incantations politiques auxquelles plus personne ne croit, cet ouvrage ne fait pas que dénoncer l'immobilisme actuel ; il a aussi pour ambition de proposer une boussole pour atteindre cette économie décarbonée.

Et plutôt que de partir des grandes théories pour redescendre dans le monde réel, c'est le chemin inverse que je vous propose d'emprunter. Partir des inventeurs, des entrepreneurs et autres acteurs du changement. Et de là, dessiner, se projeter, regarder vers l'avant et voir ce à quoi ressemblerait la France en 2050 si elle était portée par ces pionniers. Ce sont eux qui me rendent résolument optimiste ! Ils ont déjà pensé un nouveau paradigme.

Ces acteurs de la société civile dérangent, ils bousculent les modèles en place. Vous le verrez, ils ne sont souvent pas assez entendus, ni soutenus, ce sont pourtant eux qui devraient être les têtes de pont de notre économie. Ils viennent de toute la France, sont d'origines sociales diverses, ont des convictions politiques de tous bords. Ces faiseurs sont éminemment inspirants, porteurs de bon sens et de solutions dont nous avons tant besoin. Ce sont eux qui pensent l'écologie de demain, une écologie populaire, qui dépasse les clivages politiques.

Bien sûr, nous avons tous un rôle à jouer à titre individuel, une nécessaire sobriété sera bien évidemment incontournable. Et bien sûr le politique, à tous les niveaux, aura une place prépondérante pour construire le cadre de cette transformation et offrir une vraie vision de long terme. Mais rien ne sera possible sans que l'on repense nos modèles de production et que l'on offre aux consommateurs et aux salariés une véritable alternative. Sinon, tout continuera comme avant…

Ce livre se veut donc être un vrai récit économique positif, qui permet de se projeter dans une France de 2050 prospère, et qui répond enfin à l'impératif climatique ! Une utopie réaliste qui s'appuie sur les fabuleuses aventures de ces femmes et ces hommes qui sont en train d'inventer les entreprises et le monde de demain. Faisons-leur confiance, aidons-les à changer d'échelle et voyons à quoi ressembleront nos futurs modes de vie, de consommation et de production ! À partir de là, créons les conditions pour que cette transformation se fasse au bénéfice de tous, et profitons-en pour bâtir une société plus juste et apaisée.

Si les intérêts des uns et les incertitudes des autres peuvent être des freins à ce déploiement, cet ouvrage propose également une feuille de route précise pour les lever. De l'éco-conditionnalité des aides publiques aux taux réduits d'une TVA verte, de l'ISF carbone à la baisse des impôts sur les sociétés environnementales, du revenu de transition écologique à la criminalisation de l'obsolescence programmée et du *greenwashing* : les actions incitatives et efficaces sont nombreuses et font relativement consensus parmi grand nombre d'économistes.

Souvent dépeinte sombrement, la France de 2050 sera bien différente de celle d'aujourd'hui. À nous de réécrire l'histoire, pour la rendre meilleure et avoir une fin heureuse !

Première partie

La transition écologique n'a pas commencé

« Un théâtre où on ne rit pas est un théâtre dont on doit rire. »

Bertolt Brecht

1

Ne plus croire aux beaux discours

POLYMARIS (BRETAGNE)

Anthony et Bertrand sont deux scientifiques ; l'un est docteur en sciences de la vie, l'autre en chimie. C'est à Brest qu'ils se rencontrent après avoir fini leur thèse. Ils travaillent dans la recherche sur des sujets similaires : l'utilisation de molécules marines pour traiter certaines maladies comme le cancer. Anthony et Bertrand décident rapidement de quitter leurs postes pour créer leur propre entreprise. Sans argent, mais pleins d'entrain, ils réussissent à nouer des partenariats industriels dans le monde de la cosmétique, friand des molécules dont les deux associés sont des experts. Au préalable, ce sont plus de 1 000 souches de bio organismes qu'ils iront prélever dans les fonds marins de la côte bretonne, véritable mine d'or pour leurs travaux de recherche et les nombreuses applications industrielles qui en découleront. En effet, 90 % du volume global de la biosphère vient des océans, et 99 % de la biodiversité marine n'est pas visible à l'œil nu. Anthony et Bertrand ont la certitude que le monde de demain viendra de cet infiniment petit, de ces micro-organismes dont le potentiel est encore largement inexploité.

Ils fondent ainsi Polymaris en 2008, du nom des polymères qu'ils créent grâce aux bio-organismes qu'ils ont prélevés. À l'intérieur de grosses cuves en inox pouvant atteindre 7 000 litres, ils ajoutent de la pomme de terre, du sel et du sucre pour que ces bio-organismes synthétisent eux-mêmes, comme ils le font dans la nature, et produisent ainsi des molécules comme le polymère. Ce dernier ressemble visuellement à du coton et s'utilise notamment dans le secteur de la cosmétique. Selon leur typologie, ces molécules peuvent avoir des vertus hydratantes, matifiantes ou de tenseur (pour les crèmes antirides). Chanel, Esthée Lauder ou Clarins : autant de marques qui utilisent les molécules naturelles de Polymaris. En parallèle, l'entreprise n'a eu de cesse d'innover et de faire de la recherche, si bien qu'en 2014, ils découvrent que certains polymères sont capables de produire du polyester qui peut être bio-assimilé, c'est-à-dire être consommé par la nature. En gros, ils sont capables de produire du plastique qui est vraiment recyclable ! Voilà une trouvaille fondamentale, dont ils sont les seuls en Europe à connaître le secret, et qui pourrait bien changer la donne.

On sait à quel point le plastique est un poison pour la planète et surtout pour les océans. La majeure partie de cette pollution n'est pas due aux sacs plastique et autres bouteilles qui flotteraient à la surface. Ce sont les microplastiques, invisibles à l'œil nu, qui sont omniprésents, à tel point que les poissons les ingèrent et nous aussi *a fortiori*. Tous les plastiques dits biodégradables ou recyclables ne le sont que s'ils sont collectés et traités dans des usines spécifiques. Tous ceux qui finissent ailleurs (dans une décharge ou dans la nature) se transformeront à terme en microplastiques, donc en pollution. Quand par exemple on achète des vêtements dont les matériaux viennent de plastiques recyclés, on se dit qu'on change le monde à son échelle. Mais c'est une fausse bonne idée : chaque fois qu'ils seront lavés, des microplastiques se désagrégeront et finiront dans les canalisations, et donc dans les océans. Non seulement le plastique de Polymaris n'est pas issu de la pétrochimie, mais il est aussi parfaitement assimilable par la nature, se dégradant en eau et en carbone. Chanel l'utilise aujourd'hui pour faire ses cosmétiques, notamment pour le silicone qui contient du plastique. Car là aussi, chaque fois que quelqu'un se démaquille, le plastique du silicone finit en pollution marine. Anthony et Bernard en sont convaincus : le meilleur plastique reste celui qu'on n'utilise pas ! Notre meilleure stratégie sera l'évitement. Pour le reste, il y a la révolution des produits bio-assimilables de Polymaris.

*
* *

L'eau recouvre près des trois quarts de la surface de la Terre. C'est de l'eau qu'est venue la vie sur Terre et c'est encore elle qui nous fait vivre aujourd'hui. Mais cette eau n'a jamais été aussi chaude. Chaque nouvelle année, les océans battent leur record de température de l'année précédente. Cette augmentation est en partie due à l'absorption de rejets de gaz carbonique (CO_2) : à eux seuls, les océans absorbent un quart de ces rejets. L'augmentation du taux de CO_2 dans les océans entraîne mécaniquement l'accroissement de leur acidité. Parce qu'elle induit de multiples effets, cette acidification a un impact immédiat sur la capacité du plancton à se renouveler. Or, le plancton est à la base de la chaîne alimentaire marine. Ce réchauffement des océans a une autre conséquence : il provoque une dilatation thermique qui contribue à faire monter leur niveau. Depuis le début du XXe siècle, ils ont subi une hausse globale de 20 centimètres. Si rien n'est fait d'ici 2100, elle atteindra un mètre [1]. La baie de Somme, la baie d'Arcachon ou la Camargue seront directement affectées. Et cette montée ne s'arrêtera pas comme par enchantement au tournant du siècle, elle se poursuivra durant plusieurs milliers d'années. Mais ce n'est pas tout. Des océans plus chauds provoquent aussi des cyclones ou des typhons plus puissants et donc plus violents, dont on constate trop régulièrement déjà les conséquences dévastatrices dans les journaux télévisés.

Malheureusement, tout comme les océans ont chaque année battu leur record de température, les huit années qui se sont écoulées depuis 2015 ont été les plus chaudes jamais enregistrées depuis deux mille ans. Huit années de prise de conscience et huit années de réchauffement ininterrompu. Nous le savons exactement. Édition après édition, les rapports du GIEC nous exposent avec une précision de plus en plus chirurgicale ce que notre environnement va devenir si nous continuons d'alimenter le feu sous la marmite. Chaque nouvelle hausse de 0,5 °C sera accompagnée d'épisodes de chaleur plus fréquents et plus intenses, incluant canicules et pluies torrentielles mais aussi stress hydriques et sécheresses. Les océans n'auront plus la capacité d'absorber autant de CO_2 qui restera donc plus massivement dans l'atmosphère. Les glaciers de montagne et ceux des pôles fondront à une vitesse jamais vue jusque-là. La biodiversité subira de plein fouet ces transformations. La liste des conséquences est si longue que ce chapitre n'y suffirait pas. La planète Terre est un espace fini et c'est bien là notre drame. Car un espace fini ne peut s'abreuver indéfiniment de carbone sans altérer profondément ses mécanismes.

Depuis 1850, l'homme a émis 2 400 milliards de tonnes de CO_2. Or, les scientifiques du climat ont calculé qu'à partir de 3 300 milliards, un réchauffement de plus de 1,5 °C en 2100 était inévitable [2]. Comme il se trouve que nous en produisons globalement environ 40 milliards de tonnes chaque année, il nous reste à peine plus de vingt ans pour épuiser notre « budget carbone ». Paris a hébergé en 2015 la Conférence des Nations unies sur les changements climatiques, alias la COP 21. À cette occasion fut signé le traité international juridiquement contraignant sur les changements climatiques, adopté par 196 parties. L'objectif fixé par ce traité sert depuis lors de boussole à toutes les politiques en faveur du climat. Il incite à poursuivre les efforts « pour limiter l'augmentation de la température à 1,5 °C au-dessus des niveaux préindustriels. » La prise de conscience a été actée. Le but a été fixé.

Le rôle de la France dans cette spirale infernale semble à la fois ridicule mais est loin d'être négligeable. Notre pays produit environ 1 % des émissions mondiales de gaz à effet de serre (GES). Ou 1,5 % si on inclut dans notre bilan les émissions des produits importés. Or, la France ne représente que 0,8 % de la population mondiale. Elle a donc un impact et une responsabilité deux fois supérieurs à son poids humain. Si l'on antidate cette responsabilité de la révolution industrielle, dont la France fut l'une des premières bénéficiaires, sa part atteint même près de 2,4 % des émissions de CO_2. En tant que septième puissance mondiale, nous ne pouvons pas ignorer notre influence sur le dérèglement en cours et surtout l'influence que nous pouvons avoir. **Pour éviter d'épuiser notre budget carbone d'ici vingt ans, il faudrait réduire nos émissions de CO_2 de 5 % par an[3] !** À l'échelle mondiale, la feuille de route est claire : baisser les émissions de GES de 1,5 % par an, pour rester dans les clous d'ici 2070. Le but est donc d'atteindre une neutralité carbone qui seule peut enrayer le réchauffement que nous connaissons.

De quoi parle-t-on ? Quand on décrit un monde « zéro carbone », il s'agit plutôt d'un monde neutre en carbone ou « net zéro ». On se fixe une double ambition : d'une part, réduire autant que possible les émissions et, d'autre part, augmenter la capacité d'absorption des émissions rémanentes. On accepte ainsi l'idée que, malgré tous les efforts, il restera des émissions de carbone. Il s'agira alors de les compenser en améliorant les capacités de notre écosystème à les ingérer grâce à des « puits » (afforestation/reforestation, techniques agricoles, solutions technologiques). Car en l'espace d'une génération en effet, il semble illusoire d'imaginer que toutes les sources d'énergie carbonées auront été éradiquées de la surface de la Terre et remplacées par des sources non polluantes.

Le 1er juin 2017, Emmanuel Macron prononça ce mot qui fit le tour du monde : « *Make our planet great again !* » Ce serait la France, la championne du climat. Nous porterions fièrement la torche des nations éclairées, celles qui ont compris l'urgence du moment et mettent tout en œuvre pour montrer le bon exemple et la marche à suivre. Malheureusement, en 2023, les émissions ne cessent de progresser à l'échelle mondiale. La France ne respecte toujours pas l'accord de Paris, notre empreinte carbone diminuant certes (de 9 % entre 1995 et 2021), mais c'est trop insuffisant.

De plus, il faut parfois se méfier de certains chiffres qui pourraient sembler dire le contraire. En 2021 en France, les émissions de GES sur le territoire représentent 418 millions de tonnes équivalent CO_2. Soit une diminution d'environ 23 % par rapport à 1990. Lorsqu'on s'intéresse non plus aux émissions sur le territoire mais à l'empreinte carbone, qui prend en compte toutes les émissions induites par la demande intérieure du pays (donc y compris les importations), on passe pour 2021 à 604 millions de tonnes équivalent CO_2. Réduire ses émissions sur son propre territoire mais les augmenter sur d'autres en important toujours davantage de produits réalisés à base d'énergie fossile n'est pas acceptable au regard de l'ambition énoncée par le président. Le vivant se moque bien de l'endroit où le gaz carbonique est émis, nous en souffrons de la même façon qu'il provienne d'ici ou d'ailleurs.

Or, en 2050, si l'on veut respecter les engagements de cette stratégie et de l'accord de Paris, nous ne devrons pas produire plus de 80 millions de tonnes équivalent CO_2. **Il nous faut donc diviser par 6 notre empreinte carbone [4]. On mesure l'ampleur du virage à négocier ! Pour atteindre cet objectif, les mesurettes et autres annonces en grande pompe non suivies d'effet ne suffiront pas. Il nous faut une baisse plus que substantielle nécessitant un profond changement de modèle.**

Action Happy End #1

Fixer comme cadre réglementaire de baisser de 5 % les émissions de CO_2 par an.

2

L'écologie n'est encore qu'un sport de bobo

POISCAILLE (ÎLE-DE-FRANCE)

Charles est un mordu de pêche depuis sa plus tendre enfance. Tous les étés, chez ses grands-parents à Royan, il passait déjà ses après-midi à appâter les crevettes. Il en a dévoré, des magazines de pêche, si bien qu'il décidera plus tard de faire des études de biologie. Il deviendra ingénieur agronome, spécialisé en sciences halieutiques. Cet expert de la gestion des milieux aquatiques commence sa carrière à compter les poissons du bassin d'Arcachon et du golfe du Lion. C'est là qu'il rencontrera celui qui deviendra son associé quelques années plus tard. Fort de ses différentes expériences, Charles commence à bien saisir l'ensemble des problématiques qui touchent les pêcheurs. Leur activité est très aléatoire, dépendant fortement de la météo, et des prix définis par la criée, donc des enchères. Une seule solution s'offre à eux pour faire face à tout ça : faire un maximum de volume, quitte à épuiser les ressources aquatiques. Près d'un tiers des stocks de poissons dans le monde est surexploité, particulièrement dans l'Atlantique Nord.

Charles acquiert la certitude que travailler sur la rémunération des pêcheurs est la meilleure solution pour éviter la surpêche. Alors dès 2012, avec son associé homonyme, ils se lancent eux-mêmes dans la vente de coquilles Saint-Jacques, à un prix qui rémunère très confortablement les pêcheurs. Sur Facebook, depuis leur colocation aux Buttes-Chaumont, ce sont 80 kg qu'ils vendent la première année, puis 400 la deuxième, principalement à des proches et des amis d'amis. Au vu de ce succès grandissant, la décision est prise d'acheter leur propre camionnette réfrigérée, et ainsi de créer la société Poiscaille. Une sorte d'AMAP du poisson, proposant des produits frais livrés à domicile. Frais, ils le sont, car il se passe moins de 72 heures maximum entre la pêche et la livraison.

Mais ce sont aussi des produits durables, Poiscaille ne travaillant qu'avec des pêcheurs qui sortent en journée sur des bateaux de moins de 12 mètres, et utilisant des techniques douces (donc pas de chaluts ou de dragues qui détériorent les fonds marins). En rémunérant les pêcheurs 20 % de plus que le marché, cela rend de nombreuses espèces plus rentables et limite la surpêche. Poiscaille rassemble aujourd'hui 250 pêcheurs disposant de bien meilleures conditions de travail. Les 21 000 abonnés satisfaits et les 1 600 commerces partenaires reçoivent tous les jours leurs produits de la mer. Forte de ses 85 salariés, l'entreprise est en train de démontrer que l'intuition initiale de Charles se révèle exacte. À travers une grande étude, ils comptent ainsi prouver qu'il existe bien une corrélation entre la hausse de rémunération des pêcheurs et la baisse de leur volume de pêche. La prochaine étape est d'exporter le modèle à l'étranger, où les perspectives de croissance semblent également très prometteuses.

*
* *

Toute action qui suscite une situation plaisante tend à être répétée. C'est une vérité qui traverse le règne animal, du rat à l'homme. Mais que se passe-t-il exactement au moment où le plaisir se manifeste ? Des expériences ont été menées sur des singes pour le découvrir. Chaque goutte de jus de pomme versée dans leur bouche activait dans leur cerveau un messager chimique, la dopamine. Ce neurotransmetteur, produit par à peine 0,3 % de nos neurones, a un effet magique : il aide à mémoriser l'événement plaisant. Lorsqu'une lumière rouge s'allumait devant les yeux des singes, juste avant que le jus de pomme ne leur soit délivré, les primates se mettaient à associer non plus le jus mais la lumière avec le plaisir à venir. De fait, leurs neurones à dopamine s'activaient plus tôt. La lumière devenait un signe énonciateur du plaisir à venir. Lorsqu'un singe habitué à la séquence lumière/jus de pomme ne recevait pas la satisfaction attendue, c'est-à-dire lorsqu'on ne lui donnait pas de jus comme prévu, il en ressentait une vive frustration. Qu'il tentait immédiatement de combler. Il n'avait qu'une envie : répéter l'action qui avait initialement provoqué le plaisir. Ce « circuit de la récompense » est si puissant qu'il peut même se retourner contre nous. On a ainsi vu des rats ne plus s'alimenter si le seul fait d'appuyer sur un levier activait chez eux la zone du cerveau impliquée dans le circuit de la récompense.

Nous sommes aujourd'hui arrivés à un stade de notre évolution où le plaisir que nous tirons de notre mode de vie nous empêche de voir le mal que nous nous faisons. Nous extrayons, transformons, produisons, transportons, consommons et jetons encore et encore pour entretenir notre besoin de shoots dopaminergiques. Bien sûr, nous drapons ce comportement animal sous les oripeaux de la reconnaissance sociale ou de la quête de pouvoir, mais cela ne calme pas notre addiction, au contraire. Jean Baudrillard nous a montré dans *La Société de consommation*[1] comment le marché entretenait un état de tension permanente en nous. Alors que nous croyons acheter des biens et services, nous achetons en réalité de l'image sociale. Alors que nous croyons satisfaire un désir, nous ne faisons que nous en créer de nouveaux. Et nous sommes convaincus qu'un achat prochain nous permettra d'y répondre car, comme l'écrit Baudrillard, nous pensons avoir hérité d'un « droit naturel à l'abondance ».

Celle-ci ne se donne jamais aussi bien à voir que sur les réseaux sociaux, qui offrent un terrain de jeux idéal à notre circuit de la récompense. Chaque clic ou like nous offre de quoi satisfaire notre besoin de nouveauté. Les algorithmes nous abreuvent d'informations personnalisées que nous dévorons en l'espace de quelques secondes et qui ne font qu'accroître notre faim. En évitant soigneusement de remettre en cause notre vision du monde. Car ce sont nos propres données de navigation et d'interactions qui conditionnent les informations auxquelles nous avons accès. Si vous aimez les plantes, les cupcakes et le yoga, si vos posts, vos likes ou vos relations tournent principalement autour de ces sujets, vous ne verrez guère passer d'informations concernant le sport automobile, le rugby ou l'art africain. Ce mécanisme a reçu le nom de « bulle de filtres ». Les informations qui nous parviennent prennent grand soin de ne pas nous confronter à la réalité déstabilisante du monde. Si bien que rien ne nous apportera un sentiment plus sécurisant que de nous retrouver dans cet univers en perpétuelle expansion qui nous ressemble tant.

Or, pour Jean Baudrillard, l'abondance de la société de consommation, loin de nous faire éprouver le monde dans sa diversité, vise en partie à nous en exclure. Plus nous consommons et plus nous nous mettons en sécurité. Plus nous nous protégeons de ses risques et de ses aléas. Les réseaux sociaux apparaissent alors comme la manifestation ultime de cette intention. Ils sont la pointe anesthésiante de la société de consommation. Le capitalisme trahit finalement sa promesse originelle, celle de libérer l'homme, pour nous rendre plus serviles, en multipliant nos besoins à l'infini.

De plus en plus de gens sont conscients que la société de consommation n'est plus un horizon souhaitable. Pour la plupart, cette prise de conscience est subie [2]. Le niveau de vie moyen n'a augmenté que de 0,4 % entre

2005 et 2020 contre 1,4 % lors des quinze années précédentes. Si bien que 80 % des individus aux revenus inférieurs à 1 000 euros par mois s'imposent des restrictions dans leur consommation (contre 38 % de ceux qui gagnent plus de 5 000 euros). Et plus on est jeune, plus ces restrictions sont fréquentes (elles touchent 80 % des 35-44 ans contre 62 % des 65 ans et plus). Le poids des dépenses contraintes (type logement) n'est pas pour rien dans ces écarts. De fait, les achats d'occasion se multiplient (63 % des Français les ont déjà pratiqués).

À côté de cette « France du discount, de l'occasion et de la débrouille [3] » coexiste une France dont la prise de conscience relève de convictions politiques. Acheter de la seconde main plutôt que du neuf, louer plutôt qu'acheter, partager plutôt que louer… le rapport à la consommation évolue. Manger bio et sain, acheter local ou national et privilégier les circuits courts ne nourrit pas seulement une volonté de mettre ses actes en accord avec ses convictions. Cela illustre aussi l'idée que le citoyen, en tant que consommateur, a un pouvoir sur le marché et son environnement.

Le problème est que ce mode de vie qualifié péjorativement de *bobo* n'est pas à la portée de toutes les bourses. Un achat traduit peut-être plus que les autres cette évolution : celui du vélo à assistance électrique. Le marché du cycle n'a jamais été aussi florissant. Évidemment, les ventes ont chuté durant le premier confinement de mars 2020, l'intérêt d'acquérir un vélo pour tourner en boucle dans un rayon d'un kilomètre atteignant vite ses limites. Néanmoins, une fois l'année écoulée, on s'est aperçu que le marché avait bondi de 25 % par rapport à 2019 [4]. Grâce notamment aux vélos électriques qui réalisent aujourd'hui plus de la moitié du chiffre d'affaires du secteur. Et les perspectives des cycles sont rayonnantes : des variantes telles que le vélo pliable ou le vélo cargo vont progressivement se développer et de nouveaux adeptes vont profiter de l'amélioration des infrastructures. Inexistant lors du lancement du Vélib' dans la capitale parisienne en 2007, le vélo électrique compose aujourd'hui environ 40 % de la flotte. Troquer sa voiture thermique pour un vélo électrique est un acte écologique fort. Qui n'est pas à la portée de tout le monde, surtout si vous travaillez à trente ou quarante kilomètres de votre domicile.

Une opposition s'est peu à peu créée entre ceux qui auraient un comportement exemplaire, et les autres qui seraient des inconscients, voire des coupables. *Bobos* contre *beaufs*, voilà à quoi se résume tristement le débat écologique en France. Sans voir que dans le fond, nous sommes tous complètement schizophrènes et pris dans des injonctions contradictoires. Abreuvés de publicités à outrance pour consommer toujours plus, entre deux documentaires sur les forêts et la fonte des glaces. Les *bobos* qui bossent dans le conseil, la pub ou le marketing sont parfois les mêmes qui donnent des leçons aux *beaufs* qui ne mangent pas bio et qui ont un 4 × 4. Surtout que ces derniers ont bien souvent une empreinte carbone bien inférieure, n'ayant pas la chance de partir en week-end à l'autre bout du monde.

De toute manière, cette culpabilisation permanente, cette passion triste d'aller faire les comptes de ce que fait le voisin, est absolument contre-productive. Nous avons tous nos contradictions, cela ne va pas nous aider à avancer, et surtout cela contribue à maintenir le système en place. Les discours donneurs de leçons sont devenus inaudibles. Personne n'a envie d'être pointé du doigt et d'endosser l'habit du bouc émissaire. Les inquisiteurs verts qui, animés des meilleures intentions, critiquent les modes de vie pas assez sobres de leurs collègues jouent eux aussi, sans s'en rendre compte, le jeu des multinationales. Car ils font aussi reposer la « faute » sur les épaules des consommateurs. Et le système se perpétue : c'est *business as usual.*

Même si on s'y mettait tous dès maintenant, des études montrent que nous ne pourrions réduire que de 25 à 45 % l'empreinte carbone de la France[5]. Et ce, à condition d'avoir un comportement exemplaire sur tous les plans : supprimer ce qui n'est pas local de notre alimentation, supprimer la viande de nos repas, supprimer l'avion de nos voyages, supprimer la voiture de nos courts trajets, supprimer le neuf et le substituer par de l'occasion pour nos achats de matériel… Bref, il nous faudrait supprimer beaucoup de choses. Mais avant de s'attaquer à ces 25 à 45 %, ne faudrait-il pas d'abord se pencher sur les 55 à 75 % ? Attention, cela ne veut pas dire qu'il ne nous faut rien faire, mais remettons juste les choses en perspective.

Réussir la France décarbonée ne passera pas par la culpabilisation des citoyens. On n'a jamais vu un changement de société impulsé par le sentiment d'avoir commis une faute, mis à part peut-être le

jardin d'Éden. Pour changer la société, et donc les individus qui la composent, il ne faut pas les rassurer sur leur capacité à produire les efforts nécessaires. Il ne faut pas non plus leur conter par le menu toutes les transformations qu'il va falloir opérer. Il faut plutôt décrire le monde dans lequel nous vivrons une fois qu'elles auront été accomplies. Il faut les transporter dans un avenir qu'ils auront envie d'habiter. *I have a dream*, disait Martin Luther King. C'est ce rêve qui a fait sortir la société américaine de son immobilisme. C'est ce rêve qu'il faut à nouveau dessiner. Personne n'est, à son niveau, en mesure de changer le système. Or, c'est bien de cela qu'il s'agit. On aura beau manger végétarien, rouler en véhicule électrique et ne chauffer qu'à 19 °C, si c'est pour manger autant, rouler autant et chauffer autant, la courbe de notre empreinte ne s'infléchira guère. **Il faut changer de modèle. Et pour cela, il n'y a pas de secret : ce sont des choix politiques forts qu'il faudra privilégier, et réconcilier les Français autour du sujet de l'écologie. Il nous faut bâtir une écologie réellement populaire.**

Action Happy End #2

Arrêter de stigmatiser les comportements individuels.

3

Personne ne veut de la décroissance

ASCENDANCE FLIGHT TECHNOLOGIES
(OCCITANIE)

Voilà la nouvelle génération de l'aéronautique : quatre anciens ingénieurs de chez Airbus qui, par conviction, décident de quitter la multinationale pour réfléchir à la manière de décarboner le secteur tant pointé du doigt de l'aviation. En 2018, Airbus avait pris le parti de brutalement arrêter son projet d'avion électrique appelé E-Fan. Les raisons de ce choix industriel n'ont jamais vraiment été claires. C'est précisément sur ce projet que les quatre cofondateurs d'Ascendance Flight Technologies avaient travaillé pendant près de dix ans. La fin de cette aventure a été le point de départ d'une nouvelle, en indépendant cette fois-ci. Ils souhaitaient poursuivre leur vision, celle d'une génération consciente de l'urgence climatique et de l'absolue nécessité de tenter d'inventer « l'avion vert ». Sans véritable certitude pourtant, car personne ne sait aujourd'hui si ce défi pourra être relevé, ni même quelle sera la technologie gagnante (hydrogène, électrique, éco-carburant…). Mais ces incertitudes sont choses communes pour tout pionnier, et tout cela n'a pas effrayé nos quatre amis.

Leur idée est de s'attaquer d'abord au marché de l'hélicoptère, en développant un appareil qui décolle verticalement avec des hélices, mais associées à des ailes qui permettent de réduire drastiquement la consommation d'énergie en phase de croisière. Un engin du futur, entre l'avion, l'hélicoptère et le drone. L'énergie utilisée est une technologie hybride entre batteries électriques qui peuvent être couplées avec du fuel traditionnel, du fuel de type SAF (produit à partir de végétaux par exemple) ou demain de l'hydrogène. Cet engin du futur réduit aujourd'hui de 80 % ses émissions carbone par rapport à un hélicoptère traditionnel (si bien sûr l'électricité est produite à partir d'énergies renouvelables), et demain jusqu'à 100 % ! Et pour quatre fois moins de bruit. Aujourd'hui les 55 membres de l'équipe d'Ascendance travaillent aussi avec des avionneurs traditionnels pour utiliser leur technologie sur de petits avions, notamment ceux qui font moins de 80 places et permettent d'effectuer des liaisons régionales.

Leur conviction est que l'avion tout électrique ne marchera sans doute pas ; l'avion hydrogène est quant à lui encore à l'étude, et les carburants SAF doivent encore évoluer technologiquement. Pourtant nous avons besoin de réponse rapide pour que le secteur soit à la hauteur du défi de la décarbonation. Leur modèle est potentiellement scalable sur des formats courts/

moyens-courriers mais pas au-delà. Face aux enjeux climatiques, l'industrie aéronautique devra donc sans doute décroître dans les années à venir, le temps que les technologies arrivent à maturité. C'est particulièrement vrai pour les longs-courriers. Ce serait pourtant une erreur de tout abandonner et de laisser le leadership aux États-Unis et à la Chine. Notamment parce qu'il n'est pas sûr qu'ils prennent le sujet de la décarbonation de l'aviation autant au sérieux que nous. Conserver un savoir-faire technologique fort en la matière est l'occasion de réorienter l'innovation et la recherche pour résoudre cette problématique. Mais la France est en train de prendre du retard industriel sur la question, faute d'investissements, en particulier dans l'accompagnement de cette nouvelle génération d'ingénieurs qui a pourtant des convictions et du talent !

*
* *

En 2010, une équipe de chercheurs américains s'est intéressée à une question épineuse : quel rapport entre le salaire et la satisfaction au travail [1] ? Après avoir écumé cent vingt ans de travaux et synthétisé les conclusions de quatre-vingt-douze études quantitatives portant sur 15 000 individus, une conclusion s'imposa : il n'y avait pas de lien entre les deux. Certains gagnaient peu et ressentaient une vraie satisfaction dans leur emploi tandis que d'autres gagnaient beaucoup et traînaient chaque jour un peu plus les pieds. Et inversement. Ce qui vaut à l'échelon individuel vaut également à l'échelon d'un pays et c'est ce que l'on a appelé le paradoxe d'Easterlin. Il se pourrait bien en effet qu'au-delà d'un certain niveau de revenu, l'accroissement marginal de bien-être que l'on attend d'une hausse marginale du revenu soit de plus en plus faible, voire inexistant. Autrement dit, à partir d'un certain stade de richesse, la poursuite de la croissance est sans influence sur l'évolution du bien-être moyen de la population. Ce n'est pas parce qu'un pays verra sa croissance bondir que, soudainement, ses habitants s'en trouveront plus heureux. Ce paradoxe, bien qu'encore discuté, invalide l'idée d'une croissance « obligatoire ». D'une croissance comme l'alpha et l'oméga de notre économie et, *in fine*, de notre bien-être. Comme le rappelle un rapport de France Stratégie [2], « fonder un récit des soutenabilités sur l'idée qu'il n'y a pas d'alternative possible » serait délétère. Si les limites planétaires sont bien des contraintes incontournables, « les chemins de la décarbonation et de la préservation de l'habitabilité du monde doivent rester ouverts ».

Notre économie est pourtant dopée à la croissance. De fait, dès qu'un début de manque se faire sentir, elle se pique d'un nouveau shoot. Mais elle ne retrouve pas avec lui l'effet fulgurant du tout premier, si bien que le manque revient vite et que le cercle vicieux reprend, indéfiniment. Déjà dans l'air depuis quelque temps, l'idée de décroissance est vraiment arrivée sur le devant de la scène en 1972 avec le rapport Meadows, *The Limits to Growth*, qui exposait les conséquences néfastes d'une croissance exponentielle en rappelant les limites écologiques de la planète. Pour conserver l'homéostasie du monde, cet état de stabilité et d'équilibre normal, le rapport Meadows enjoignait les pays riches à calmer leur économie afin de laisser les pays pauvres recoller au wagon du développement. Au fil des années, d'autres chercheurs ont raffiné ce concept et nous sommes progressivement passés de l'idée d'une société *en* décroissance à celle d'une société *de la* décroissance. Il ne s'agit plus de mettre un coup de frein à nos activités de production et de consommation mais de changer le rapport que nous avons avec elles. Plus fondamentalement encore, pour beaucoup de penseurs, cela nécessite de rompre avec l'idéologie libérale dans laquelle nous baignons depuis des décennies et qui est devenue la religion la mieux partagée au monde. À tel point que, comme le dit Serge Latouche, avant de décroître, il faudrait décroire.

La décroissance implique un mouvement de rétrécissement de l'économie, une baisse de la production et de la consommation. Avons-nous déjà connu un tel phénomène ? Oui, pas plus tard que durant la récession de 2020 due à la crise sanitaire. Récession et décroissance, mêmes effets ? C'est la crainte de beaucoup. Réduire la voilure de l'économie ne ferait-il pas courir le risque de la perte du pouvoir d'achat, du chômage et de l'accroissement des inégalités ? C'est oublier que le projet de société de la décroissance vise justement à améliorer la qualité de vie, le bien-être et la justice sociale.

Au vu de notre expérience récente cependant, il faudra plus qu'une simple baisse de production et de consommation pour y parvenir. La décroissance est un peu l'huile de foie de morue du consommateur : on lui dit que c'est bon pour ce qu'il a, il aimerait le croire mais il a déjà essayé une fois et le goût est tellement mauvais qu'il refuse d'en reprendre. Ses supporters ont bien conscience que l'idée ne séduit pas au premier abord. Comme pour essayer de faire passer ce remède difficile à avaler, il lui accole systématiquement des termes plus positifs : l'un parle de « décroissance conviviale », l'autre de « décroissance soutenable », un tel de « décroissance équitable »... Mais ça ne passe pas. Et ce, pour trois raisons au moins : le « quand », le « comment » et le « combien ».

Oui, la décroissance, ça fonctionne sur le papier : si on arrête de produire et de consommer, nos émissions de GES baisseront aussitôt. Le problème est qu'à part une frange militante prête à vivre en autarcie, la décroissance, personne n'en veut. Et c'est d'autant plus compliqué dans un contexte mondialisé. La croissance démographique mondiale est telle, et la volonté du monde entier d'accéder à notre niveau de vie si importante, que personne sur la planète ne va accepter de mettre un grand coup de frein. Aussi intéressant soit-il, le débat de la décroissance est en train de prendre trop de place, si bien qu'il fait le jeu des partisans du *statu quo*. Pendant que l'on discute, il ne se passe rien. Or c'est dès maintenant qu'il faut enclencher le mouvement vers la réduction des émissions de GES ! Cette urgence semble difficilement compatible avec l'approche décroissante qui ne peut se comprendre que comme « projet de société ». Elle exige en effet, pour commencer, plus qu'un redimensionnement de notre économie, un changement de modèle : substituer aux politiques publiques visant la croissance des politiques visant le bien-être et l'équité, supprimer le principe des entreprises à but lucratif au bénéfice d'organisations à mission, rééduquer les citoyens afin qu'ils favorisent le partage sur l'enrichissement personnel… Comme le martèle Timothée Parrique, « le courant de pensée décroissant est fondamentalement anticapitaliste [3] ».

Ces transformations ne pouvant être imposées par le haut au risque de soulever les protestations des foules, la décroissance exige également de refonder notre système démocratique. Le bien-être ne se décrète pas uniformément pour tous, chacun en a sa propre appréhension et il existe sans doute autant de formes de bien-être que de catégories d'individus. Si l'*homo economicus* tel que nous le décrivent les économistes orthodoxes est avant tout mû par la maximisation de ses intérêts, l'*homo decrescens* est quant à lui un être aux multiples facettes. Il est donc nécessaire de l'écouter et, pour cela, de mettre sur pied des instances où sa voix sera entendue et sa participation attendue. Le chemin vers la décroissance ne peut faire l'économie d'un renouveau politique où la vie de la cité sera au cœur des préoccupations de chacun. Ici aussi, l'ambition est immense puisqu'elle n'implique rien de moins que refonder l'éducation politique de nos concitoyens. Dans l'hypothèse où le système productif et le système politique auraient été revus en un temps record avec le consentement enthousiaste de la population (!), comment réussir à calibrer la création de valeur ? Comment distribuer le pouvoir des arbitrages ? Selon quels critères objectifs ? Aux yeux des économistes, les partisans de la décroissance restent évasifs sur le point jusqu'où il faudrait faire décroître la production [4]. Il leur est également difficile de trouver le bon équilibre entre une décroissance des pays riches occidentaux et un rattrapage des nations moins développées dont il ne faudrait pas qu'elles perpétuent les travers du néolibéralisme.

On le comprend vite : aussi louables que soient les buts poursuivis par les tenants de la décroissance, ils supposent de tels renversements par rapport à notre expérience quotidienne qu'ils ne peuvent s'envisager que sur le long terme. Prôner un virage à 180 degrés vers la décroissance, c'est donc repousser à un horizon indéterminé les efforts massifs qu'il est urgent de réaliser dès à présent. C'est parier sur l'efficacité de structures politiques qui n'ont pas encore été testées à grande échelle. C'est bousculer des hiérarchies (faire primer le capital naturel et le capital social sur le capital financier) établies et inventer des indicateurs dont on peine aujourd'hui encore à dessiner les contours. Disons-le sans détour : la décroissance ne peut pas être une solution pour aujourd'hui. S'époumoner sur le sujet, c'est détourner son énergie des actions à mettre en place dès maintenant. Nous ne pouvons pas attendre que l'idée fasse son chemin et gagne en popularité avant d'agir.

Ce qui ne veut pas dire qu'il ne faut pas s'en inspirer. Compte tenu de leur impact majeur sur les émissions de GES, certains secteurs de l'économie vont en effet devoir réduire leur voilure pour suivre les trois voies salvatrices : diminuer la consommation d'énergies fossiles, de matériaux et de biomasse. Lesquels ? Les secteurs émetteurs sont les transports (29 % des émissions de GES en 2020), l'agriculture (20 %), l'industrie manufacturière et de construction (19 %), le bâtiment (18 %), l'énergie (10 %) et enfin les déchets (4 %) [5]. Dans son analyse sectorielle sur l'emploi [6], The Shift Project évalue à 800 000 les destructions d'emplois dans les secteurs les plus touchés par les évolutions. Compte tenu de la diminution de la place de la voiture, l'industrie automobile dans sa globalité devrait perdre environ 300 000 ETP (équivalent temps plein) d'ici 2050 même si un mouvement de relocalisation pourrait minorer cette chute d'environ 40 000 ETP. Côté bâtiment, si on anticipe une hausse de la main-d'œuvre liée aux opérations de rénovation énergétique, on prévoit en parallèle une baisse du nombre de logements neufs qui devrait conduire à une perte de 190 000 ETP, notamment dans le secteur du gros œuvre. Côté agriculture et alimentation, si l'abandon des techniques intensives et l'évolution des pratiques vers le bio et le raisonné devraient favoriser la main-d'œuvre (+540 000 ETP), le secteur n'en subirait pas moins des transformations notables : diminution de la consommation de viande et de poisson, élimination du gaspillage, développement du circuit court…

À l'aune de ce dernier exemple, **on comprend vite qu'une décroissance généralisée à court terme n'est pas envisageable. Un même secteur peut voir certaines de ses activités croître tandis que d'autres reculent.** En outre, plusieurs pans de l'économie vont nécessiter des investissements massifs, à commencer par l'éducation, en faveur de laquelle on ne fait jamais trop, et la santé compte tenu entre autres des risques que les perturbations de l'environnement font courir dessus.

Action Happy End #3

Bâtir un plan sur vingt ans des secteurs d'activité à faire décroître et de ceux à développer.

4

Oublier les fables du développement durable

CIMENTS HOFFMANN (PAYS DE LA LOIRE)

Si le ciment était un continent en matière d'émission de CO_2, ce serait le 3e plus grand au monde. Responsable de près de 8 % des gaz à effet de serre de la planète, il s'agit d'un secteur fondamental pour la réussite de la décarbonation de l'économie. D'autant plus sur une planète en forte croissance démographique, et avec de forts besoins en logements comme c'est le cas en France. Lorsque deux Vendéens se rencontrent en 2015, l'un entrepreneur et l'autre scientifique, c'est la fabuleuse histoire de la révolution du ciment qui débute. Dans leur laboratoire de 25 m², Julien et David commencent par inventer un processus de fabrication inédit. En quelques années seulement, ils réussissent à démontrer qu'il est possible de construire autrement. Aujourd'hui, sur le site de Bournezeau, c'est de loin que l'on peut voir le grand silo rouge et blanc marqué du logo de l'entreprise, où sont fabriqués ces ciments du XXIe siècle.

Car le ciment existe depuis plus de deux cents ans mais a finalement peu évolué. Pour le produire, il faut extraire du calcaire que l'on fait cuire dans un four à très haute température. La moitié de l'empreinte environnementale vient de l'énergie nécessaire pour le fabriquer, l'autre moitié de la pierre qui relâche du CO_2 dans l'atmosphère. Après cela, on le mélange à de l'eau, du sable et des gravillons et on obtient du béton. Le ciment représente 98 % de l'empreinte carbone du béton. Les Ciments Hoffmann ont décidé de changer tout le système de fabrication, en n'utilisant notamment que des déchets de l'industrie (provenant de l'aciérie principalement) plutôt que du calcaire. Ils y ajoutent des activateurs, toute la fabrication se faisant ainsi à froid. Plus besoin de fours donc et tout le combustible que cela nécessite. La seule énergie nécessaire pour la production provient par ailleurs pour moitié des panneaux solaires installés sur le site de l'usine. L'impact environnemental est ainsi divisé par cinq par rapport à un cimentier traditionnel !

Quant au prix, il n'est impacté que de 3-4 % par rapport à la construction d'un immeuble traditionnel, alors qu'une construction en bois coûte 30-40 % plus cher que le béton. Julien et David prônent la mixité bois-béton pour ne pas avoir à choisir entre le prix et le coût en termes de CO_2. Aujourd'hui avec une équipe de 55 salariés, ils commencent à commercialiser leur produit hors de nos frontières. Eux qui font concurrence à des cimentiers ou à des constructeurs qui se disent verts (et font beaucoup de publicité à ce sujet), alors qu'ils n'optimisent leur impact environnemental au mieux que de 20 %, quand ils sont à plus de 80 %. Ciments Hoffmann a d'ailleurs bien failli ne jamais voir le jour, les pouvoirs publics ne les ayant pas beaucoup suivis au début. C'est grâce à des entrepreneurs vendéens et à une introduction en Bourse rapide qu'ils ont réussi à lever les 100 millions d'euros nécessaires pour cette rupture technologique qui peut vraiment changer la donne. Des solutions existent donc bien aussi dans le domaine de la construction, il est aujourd'hui temps de passer à l'échelle.

*
* *

L'Empire romain a connu son formidable essor durant une période que l'on peut approximativement situer entre 200 avant Jésus-Christ et 150 après Jésus-Christ. Même si les Latins n'étaient pas de grands inventeurs, les techniques n'ont cessé de s'améliorer et l'agriculture a vu ses rendements augmenter régulièrement pour nourrir une population toujours plus nombreuse. Mais ce progrès n'aurait rien donné sans des circonstances particulièrement propices. Cette période de -200 à +150 a en effet reçu le nom d'optimum climatique romain ou OCR. Elle se caractérise par un climat relativement stable, humide et doux. On trouvait des hêtres en altitude, le blé poussait « dans les montagnes » et la culture de l'olivier s'étendait plus au nord que jamais. Sur de vastes espaces aujourd'hui désertiques prospéraient alors des hectares de terres fertiles. Durant cette période, pour entretenir leur croissance, les Romains n'ont cessé de transformer le paysage : ils coupaient et brûlaient les forêts, ils détournaient les rivières, ils asséchaient les lacs et les marais… Rien n'était suffisant pour construire leurs villas, leurs routes ou leurs temples, et pour conserver à Rome son standing de première cité de l'empire. La douceur de l'OCR ne pouvant durer éternellement, lorsque le climat se fit plus sec, la déforestation massive se retourna contre les Romains. La raréfaction des arbres causa celle des pluies en augmentant l'effet albedo (la terre, nue, absorbe moins d'énergie et en renvoie davantage dans l'atmosphère, ce qui la réchauffe) et en aggravant les effets de ruissellement [1]. Une période aride faite de sécheresses, de faibles rendements agricoles et de disettes s'installa.

Extraire, transformer, produire, transporter, consommer, jeter. C'est ce que les derniers siècles nous ont appris. Et ce phénomène s'est accéléré depuis la première révolution industrielle. Sans se soucier des ressources, sans se soucier des effets, sans se soucier de rien d'autre qu'extraire, transformer, produire, transporter, consommer, jeter. De nos jours, un consommateur américain émet en moyenne 22,5 tonnes d'équivalent CO_2 par an, son homologue d'Europe de l'Ouest 13 tonnes, loin devant le consommateur d'Afrique (2 tonnes) [2]. Des siècles de conditionnement ont donc profondément altéré notre capacité de jugement mieux qu'aucun expérimentateur n'aurait pu le faire. Des siècles dont il faudrait revoir les enseignements en quelques années. Ce n'est pas impossible mais les faits montrent que ce n'est pas facile. C'est pourtant nécessaire.

Né en 1987, le concept de développement durable[3], un développement qui répond aux besoins du présent sans compromettre la capacité des générations futures de répondre aux leurs, a tenté de s'imposer comme une autre façon d'appréhender notre marche vers l'avant. En 2015, les Nations unies définissaient dix-sept objectifs de développement durable (ODD) sur lesquels 193 pays s'accordaient. Dans la foulée, la France formulait sa Stratégie nationale de transition écologique vers un développement durable 2015-2020[4] où la « croissance verte » était présentée comme une des ambitions phares. Se développer, pour nos dirigeants, c'était donc encore et toujours croître. L'idée sous-jacente est que la technologie va nous sauver et trouvera les solutions pour résoudre les enjeux du dérèglement climatique. Des innovations incrémentales, disruptives ou radicales, dans la *high-tech*.

Il faut bien dire qu'au vu des évolutions de nos GES, cette stratégie de verdissement par la main invisible du marché a du plomb dans l'aile ! Les grandes multinationales communiquent pourtant à fond. Ainsi, Coca-Cola prévoit de baisser de 30 % ses émissions de GES d'ici 2030 et d'atteindre le « net zéro » d'ici 2040[5]. Preuve de cette volonté, le géant d'Atlanta s'est positionné comme premier partenaire de la COP 27 de Charm el-Cheik en 2022. C'est dire si son ambition est sérieuse. Malheureusement, les chiffres sont têtus et les meilleures promotions du monde se heurtent souvent à la brutalité des faits. Pour l'organisation non gouvernementale (ONG) Break Free From Plastic, Coca-Cola est encore le pire pollueur plastique du monde, et avec une belle marge d'avance sur ses concurrents directs. La proportion de bouteilles de la marque rouge et blanc collectées par les bénévoles de l'ONG lors de ses campagnes a même doublé entre 2018 et 2022 [6]. Au total, 180 milliards de bouteilles en plastique sortent chaque année des usines de la multinationale, des productions issues des énergies fossiles. Pour mémoire, en 1981, l'entreprise savait, étude à l'appui, qu'en troquant le verre pour le plastique, elle risquait de polluer bien davantage. Elle savait mais elle n'en a eu cure. L'étude a été étouffée et la substitution s'est opérée. Toute leur stratégie consiste aujourd'hui à financer des campagnes pour dire que jeter des bouteilles c'est mal : faire reposer la faute sur le consommateur, pour qu'on ne touche pas à leur modèle ultra-profitable.

Même chose pour BP, alias British Petroleum, le géant des énergies fossiles, cinquième compagnie pétrolière mondiale. Dès 2000, la multinationale a dépensé plus de 200 millions de dollars pour convaincre le monde entier qu'elle allait passer dans une nouvelle ère, celle de l'après-pétrole (*Beyond Petroleum*). En 2004, elle proposa son premier *carbon footprint calculator.* En 2020, elle assura de son intention de viser le « net zéro » d'ici 2050 [7]. À peine trois ans plus tard, l'entreprise revoyait son ambition à la baisse et confirmait la hausse de ses profits dans les énergies fossiles… Elle s'est servie des mêmes techniques que l'industrie du tabac dans les années 1970 : d'un côté inonder les médias d'études propageant de fausses vérités prétendues scientifiques à leur avantage afin de déplacer le débat loin de l'essentiel et, de l'autre, rejeter la faute sur les consommateurs eux-mêmes. Car tant que nous nous interrogeons sur le moyen de diminuer de quelques litres notre consommation d'essence et de quelques kilowattheures notre consommation d'électricité, les plus grands pollueurs du monde continuent à accumuler des profits.

Le *greenwashing*, cette pratique par laquelle un acteur masque la réalité de sa consommation et de sa production de carbone derrière quelques initiatives en faveur de l'environnement, est tellement important aujourd'hui qu'il touche tous les secteurs d'activité. C'est un des fléaux du capitalisme moderne. On nous abreuve de communication en tous genres, d'un monde plus vert, différent, d'entreprises responsables, engagées… De multiples labels, notations, certifications ont vu le jour et ont complètement noyé le consommateur. Le plus grave est que faute de régulation, tout cela participe finalement à faire perdre foi en l'écologie au plus grand nombre, qui finit par mettre tout dans le même panier, et se dire qu'on nous prend vraiment pour des idiots. Il y a pourtant de véritables alternatives, des manières de produire et de consommer permettant de préserver la planète ! L'entrepreneuriat social en est une forme, comme la finance à impact (la vraie !). Séparer le bon grain de l'ivraie est aujourd'hui quasiment impossible pour le consommateur. Et les pouvoirs publics sont en ce domaine profondément ignorants et responsables.

La réalité est que quasiment aucune grande organisation n'est capable de démontrer qu'elle a un impact environnemental globalement positif. Les

importants profits engendrés le sont souvent au détriment de la planète. Pour camoufler le crime, un nouveau business gigantesque autour du développement durable a vu le jour. Pour qu'à l'instar du Guépard de Tomasi di Lampedusa, *tout change pour que rien ne change.*

Mais attention, la plupart des salariés des multinationales sont aussi des citoyens, sensibilisés aux enjeux environnementaux. Créer une direction de la RSE, faire attention à améliorer l'empreinte carbone de l'entreprise, tout cela est souvent porté par des individus qui y croient sincèrement. Avec un peu de mansuétude, on peut d'ailleurs dire que de nombreuses initiatives vont dans le bon sens. Le problème est qu'on ne calcule pas l'impact sur l'ensemble de la chaîne de valeur (du fournisseur au client). On ne met en lumière qu'une petite partie sur laquelle on a mené une action positive. Interdire les gobelets en plastique à la machine à café et imprimer en recto verso c'est bien, mais ce n'est pas grand-chose à l'échelle de l'entreprise. On aime à regarder le doigt pointant la lune, au lieu d'observer directement la lune. Là où le bât blesse, c'est que si nous nous adonnions à un véritable exercice comptable, en incluant l'ensemble des externalités, les résultats seraient catastrophiques. Et ça, dans un capitalisme ultra-financiarisé comme le nôtre, l'actionnaire ne le veut pas. On doit rendre la mariée le plus belle possible, alors on met en lumière les chiffres correspondant à ce qu'on a envie d'entendre. Tout le monde a bonne conscience, l'État applaudit, mais en vrai, on ne va pas dans le bon sens.

Notre croissance actuelle s'affranchit des limites naturelles, et finit par provoquer plus de conséquences négatives que positives. Mais attention, toutes les croissances ne se valent pas. Entre acheter un jouet en plastique fabriqué en Chine sur la base d'importations de pétrole venues de Russie dans une usine qui fonctionne avec une électricité produite par une centrale à charbon puis acheminé dans un container à bord d'un cargo dont les moteurs alimentés au fioul rejettent des oxydes de soufre en quantité, et acheter le même jouet fabriqué en bois produit localement dans un atelier dont l'électricité est d'origine verte et transporté en véhicule électrique jusqu'à son point de vente, faut-il vraiment nous demander de choisir ? Et cet exemple s'abstient de prendre en compte les normes sociales en vigueur ici et là.

Oui, nous avons besoin de croissance, mais d'une croissance sélective. La croissance dont nous voulons, c'est une croissance qui n'émettrait pas de GES. Une croissance qui garantirait la préservation des écosystèmes. Une croissance qui accorderait une juste rétribution au producteur. C'est une ambition sérieuse que nous devons nous fixer. **Elle implique notamment d'évaluer l'impact environnemental de toute entreprise et toute nouvelle technologie susceptibles de se déployer à grande échelle, via le développement de la comptabilité extra-financière.**

Comme la 5G dans les télécommunications par exemple, et plus largement, du numérique. « En 2020, le numérique représente 2,5 % de l'empreinte carbone nationale et ce sont les terminaux qui sont à l'origine de la majeure partie de cet impact (80 %). À l'horizon 2030, si rien n'est fait pour réduire l'empreinte environnementale du numérique et que les usages continuent de progresser au rythme actuel, le trafic de données serait multiplié par 6 et le nombre d'équipements serait supérieur de près de 65 % […]. Il en résulterait une augmentation de l'empreinte carbone de 45 % entre 2020 et 2030 », prévient l'ARCEP [8]. On ne peut pas miser sur la cobotique, l'intelligence artificielle ou le métavers et ne pas réfléchir aux implications de ces technologies en matière d'émissions de GES. Et ce, sur l'ensemble du spectre, de l'extraction des minéraux à leur utilisation, en passant par la conception.

Action Happy End #4

Rendre la comptabilité extra-financière obligatoire pour les secteurs privé et public.

5

Toujours les mêmes à faire des sacrifices

CHEVAL BLANC (NOUVELLE-AQUITAINE)

Dans le monde du vin, Château Cheval Blanc est un nom mythique. Le 1er Grand Cru Classé A de Saint-Émilion, distinction suprême, mêle son histoire avec la région bordelaise. Personne ne cède ses parcelles de vignes sur ce territoire où les grandes appellations prestigieuses se font face. Leurs destins sont pourtant bel et bien liés : avec une température planétaire qui augmente de plusieurs degrés, on ne sera bientôt plus capable de faire un vin d'une telle qualité. Pierre-Olivier, le directeur technique de Château Cheval Blanc, en a parfaitement conscience et c'est pour cela qu'avec l'ensemble de son équipe (60 personnes) ils ont décidé de se réinventer. Le monde du vin, particulièrement celui des grands crus, est pourtant réputé pour être plutôt conservateur. Pierre-Olivier est diplômé en agro-sciences et a passé son diplôme d'œnologue à Bordeaux. Plutôt loin, à l'origine, des milieux militants de l'agriculture alternative.

Son but est pourtant de rendre ses terres plus résilientes face au changement climatique et de régénérer ses sols. Car la qualité des sols, c'est ce qui donne le goût ! Sa méthode : utiliser les principes de la permaculture et de l'agroécologie dans ce secteur de l'ultra-luxe. Une méthode qui consiste à développer des systèmes agricoles en synergie, en imitant le fonctionnement des écosystèmes naturels. Les 39 hectares de Château Cheval Blanc font figure de pionnier en la matière. Quand on déambule au milieu des vignes du domaine, on se rend rapidement compte qu'elles ne sont pas comme celles qu'on a l'habitude de voir. Certes il y a le raisin qui pousse sur des plants de vigne, mais il est juxtaposé à des arbres fruitiers. Entre les vignes, tous types de plantes poussent au sol, et par endroits des haies abritent des oiseaux. En somme tout un monde qui cohabite en harmonie. On ne laboure plus depuis des années chez Château Cheval Blanc, car cela tuerait la biodiversité et c'est mauvais pour les sols. La nature fait son travail à travers ces différents couverts végétaux. Plus besoin de mettre d'engrais, car les sols sont suffisamment équilibrés, quand les oiseaux s'occupent eux des parasites.

Cette transformation s'est faite petit à petit depuis 2017, mais elle a permis de « revenir en avant ». Revenir à des principes anciens fondamentaux pour créer demain une agriculture respectueuse de la terre et de l'environnement. Il ne s'agit pas de retourner à l'agriculture d'il y a cent ans, bien trop pénible, mais d'utiliser le progrès technologique en harmonie avec la nature.

Les 5 000 couverts par an servis aux salariés et aux saisonniers proviennent des plantations diverses, soigneusement entretenues par les 50 brebis qui pâturent pour entretenir les parcelles. Tout ce système n'est d'ailleurs pas très cher et permet de cultiver avec le vivant et non pas contre le vivant. Alors si ça ne coûte pas cher et que même l'univers du luxe est convaincu de sa pertinence, dans un contexte de réchauffement climatique, l'heure n'est-elle pas venue de panser et repenser l'ensemble de notre système agricole ?

*
* *

Automne 2018. Le gouvernement d'Édouard Philippe, persuadé d'être en phase avec son électorat et, plus globalement, la majorité des Français, convaincu par les économistes des effets du prix du carbone, décide d'augmenter le montant de la « contribution climat-énergie » incluse dans le prix de l'essence. La mesure semble modérée, à peine quelques centimes par litre, et devrait s'imposer sans grand débat. Les premières protestations interviennent courant octobre sur Facebook. Le réseau social amplifie la contestation, si bien que le 17 novembre 2018, 3 000 sites sont occupés sur la totalité du territoire par près de 300 000 personnes. Manifestations, grèves mais surtout blocages de routes et occupations de ronds-points par des « invisibles » ayant pour l'occasion revêtu le gilet jaune de sécurité. Les réformes fiscales lancées par le gouvernement tout au long de l'année avaient principalement bénéficié aux plus riches et le sentiment d'une injustice sociale grandissait. La taxe carbone sur l'essence ne faisait pas exception : que représentent quelques centimes de plus par litre pour le conducteur d'un SUV flambant neuf qui ne regarde pas à la consommation ? Rien. Que représentent-ils pour un travailleur qui a du mal à joindre les deux bouts et n'a d'autre choix que d'utiliser sa vieille citadine tous les jours ? Beaucoup trop. C'était la goutte d'injustice faisant déborder le vase du mécontentement.

La réalité c'est qu'il y a un lien de corrélation direct entre les revenus et la pression environnementale. Pour le dire de façon brutale : plus on est riche, plus on pollue. Dans le monde, les 10 % les plus riches sont responsables de 48 % des émissions des GES et les 50 % les plus pauvres, d'à peine 12 % [1]. En France, les 10 % les plus riches émettent cinq fois plus de tonnes de CO_2 que les 50 % les plus pauvres.

La décarbonation du pays ne se fera pas sans justice sociale. Mais si certaines mesures symboliques, telles qu'une taxe sur le kérosène, ne touchent qu'une frange réduite et aisée de la population (un tiers des Français ne prenant jamais l'avion [2]), il n'en est pas de même pour la majorité des actions en faveur de la décarbonation. Selon l'Insee, **les 20 % des ménages les plus modestes dépensent environ 55 % de leurs revenus sur trois postes de coût : transport, logement et alimentation. À l'opposé, les 20 % des ménages les plus aisés ne dépensent que 44 % de leurs revenus sur ces mêmes trois postes [3]. Or, ces trois secteurs comptent parmi les plus urgents à décarboner.** Toutes les mesures qui s'y intéresseront, et ne prendront pas en compte leur impact sur le budget des ménages les plus modestes afin qu'elles pèsent moins sur leurs charges, risquent donc l'impopularité. Car « les individus semblent juger la progressivité comme une manière juste de collecter l'impôt, au-delà des conséquences (positives ou négatives) sur la distribution finale des revenus », ainsi que le montre une étude récente [4] (alors même que la principale source de recettes de l'État n'est autre que la TVA, impôt qui n'a strictement rien de progressif).

Mais la justice ne se loge pas que dans les taxes, elle s'incarne aussi dans les rémunérations des individus. Une société qui veut revenir à l'essentiel peut-elle encore sous-payer toutes ces professions dont on a vu l'utilité criante lors de la crise sanitaire ? Les personnels soignants, enseignants, aides à la personne ou acteurs et actrices du service (propreté, logistique…) peuvent très bien se passer d'agents immobiliers, d'analystes financiers ou de media planners. L'inverse est nettement moins évident. Les cursus académiques et les emplois nécessaires à la décarbonation de l'économie devraient bénéficier de conditions plus attractives que les autres : comment attirer des milliers de personnes vers l'agriculture lorsqu'on leur fait miroiter un revenu moyen à peine supérieur au SMIC ?

Ces contraintes et ces incitations sont en général très vite étouffées. Pour beaucoup d'économistes et la majorité des politiques, une croissance régulière et soutenue suffit en guise de réponse. C'est le substitut idéal à l'égalité des revenus : la fameuse théorie du ruissellement.

Elle rend acceptables les différences de traitement. Quand l'économie croît, les moins favorisés y gagnent. Alors oui, ils y gagnent, mais quoi ? En France, entre 1983 et 2015, les 1 % les plus riches ont capté plus de richesses que les 50 % les plus pauvres [5]. Les mets pour les uns, les miettes pour les autres. La décarbonation du pays ne pourra pas se bâtir sur ces bases.

Plus des deux tiers des Français estiment que ce n'est pas à eux de faire des efforts, ils ont l'impression que les sacrifices ne reposent que sur leurs épaules [6]. Dans les mêmes proportions ils sont pourtant prêts à accepter de changer de comportement, si cela est demandé de manière équitable [7]. Ils sont 68 % à plaider pour un changement en profondeur, soit de nos modes de vie (30 %), soit des modes de production des entreprises (38 %).

Mais ils sont en 2022 moins nombreux qu'en 2021 à se dire prêts à « modifier en profondeur leur mode de vie » (66 contre 79 %). Pourquoi ? Parce qu'ils ont de moins en moins les moyens de faire des efforts, qu'ils estiment en faire déjà beaucoup et, surtout, que pour 69 % d'entre eux, c'est à l'État et aux entreprises que revient la responsabilité d'agir sur la situation. Pour finir sur cette analyse, il n'est pas inutile de noter que ces interrogations ne figuraient pas dans les premières éditions de l'enquête *Fractures françaises*, preuve s'il en faut d'une prise de conscience récente de tous, y compris des sondeurs.

La société que nous devons construire est celle qui réunira tout le monde vers un but commun, pour une écologie populaire. Les moyens seuls ne suffiront pas, ils doivent matérialiser une vision, autrement dit un récit que les citoyens auraient envie de croire et de se raconter eux aussi. Or, sans cohérence entre celui-ci et ceux-là, c'est tout l'ensemble qui se délégitimise.

Un président nouvellement élu peut ainsi se qualifier de « normal » pour se représenter au niveau des Français et laisser penser qu'il les comprend. Mais comment accorder foi à ses dires s'il continue de bénéficier du train de vie dispendieux de l'Élysée qui n'a, lui, rien de « normal » (92 millions par an contre 55 à la Maison Blanche et 41 pour la chancellerie allemande[8]) ? À l'opposé du spectre se trouvent les élus suédois : certes, ils disposent de la gratuité des transports publics mais aucun, à l'exception du Premier ministre, n'a de véhicule de fonction. On ne s'étonnera pas que les mesures de sobriété soient mieux accueillies là-bas que chez nous.

C'est sans doute sur ce point d'ailleurs que le bât blesse. Nos élites semblent hermétiques à l'idée de justice sociale parce que tout, dans leur vie quotidienne, les y insensibilise. Ils sont en permanence entourés de mille et une attentions et d'autant d'avantages qui les protègent des difficultés que connaissent réellement leurs administrés ou leurs salariés (revenus, mobilité, logement…). Des attentions et des avantages qui leur murmurent peu ou prou qu'il ne peut rien leur arriver.

C'est une des raisons également qui les incitent à l'inaction climatique : même si leur cerveau brillant en comprend l'urgence, leur corps leur rappelle tous les jours le confort dans lequel ils évoluent. Léo Cohen, qui fut conseiller au ministère de l'Écologie sous deux gouvernements différents, raconte[9] ainsi une réunion interministérielle où les articles de la loi énergie-climat étaient examinés un par un. Le secrétaire général du gouvernement, plus haut fonctionnaire de l'État, qui préside les débats, lit un article qui obligerait les supermarchés à poser des panneaux photovoltaïques sur le toit de leur parking. Il hoche la tête, prend son stylo et raye la mesure d'un trait de plume avec ce commentaire : « De toute façon, chez moi, en Bretagne, il n'y a pas de soleil. »

Le message envoyé à tous les techniciens présents était clair : on peut ironiser avec l'écologie, on peut se contenter de regarder son propre nombril plutôt que de songer à l'intérêt général, on peut supprimer une mesure sans réfléchir, ça n'a aucune incidence. Cette attitude est au fond le meilleur des repoussoirs. C'est contre elle qu'il faut se battre. Car tout ce que tout un chacun peut faire en faveur de la décarbonation est un bienfait. Car tout ce qui doit être fait doit prendre en compte la situation économique et sociale de chacun. Car tout ce qui sera fait au nom de la justice sociale le sera aussi au bénéfice du climat. L'équité doit être notre boussole.

Action Happy End #5

Aider financièrement les ménages les plus modestes à décarboner leurs dépenses pour les transports, le logement et l'alimentation.

6

Mettre fin au PIB

ECOMOUTON (ÎLE-DE-FRANCE)

Ecomouton est une idée tellement simple et empreinte de bon sens qu'on se demande pourquoi personne n'y a pensé plus tôt. En 2012, alors qu'il gère un entrepôt logistique en région parisienne, Sylvain en a marre de payer une fortune pour l'entretien des espaces verts, qu'il ne valorise d'ailleurs même pas. Il se creuse alors les méninges et se demande pourquoi il ne pourrait pas directement confier cette tâche à des moutons ! Il les installerait sur son terrain, cela lui éviterait de financer une entreprise de services… Après une première expérimentation, on ne lui parle plus que de ça : employés, prestataires, passants, famille et amis, tout le monde adore ! Certes, c'est champêtre de voir des moutons par la fenêtre de son bureau, mais c'est surtout plus écologique, ça supprime le bruit des tondeuses et les moutons ne sont pas regardants : ils broutent les terrains plats comme les pentes avec la même facilité.

Le succès est tel que Sylvain est sollicité de toute part. D'un projet qui n'était presque qu'un divertissement, il se rend vite compte que l'idée est en fait véritablement innovante, et qu'il pourrait même en faire une entreprise à part entière.

Quelques années plus tard, Ecomouton est devenu le leader français de l'éco-pâturage. Les 50 employés et les 6 000 moutons permettent à 450 sites en France de générer plus de 25 % d'économie par rapport à une tonte mécanique. Au-delà de l'intérêt financier, l'éco-pâturage permet une réduction de l'utilisation de produits phytosanitaires et constitue un formidable outil de communication et de lien social entre employés ou riverains. En plus de proposer une solution durable, l'entreprise est engagée dans une démarche de maximisation de son utilité sociale via l'embauche de bergers uniquement en CDI, en particulier ceux qui traversent le plus de difficultés sociales. Ces bergers rendent visite aux différents troupeaux deux fois par mois minimum, pour s'assurer de leur bonne santé, du bon état des clôtures et du site de tonte. Ils leur prodiguent tous les soins nécessaires, vérifient les grossesses et mesurent la qualité de la pâture. Ils sont également chargés de déplacer les moutons d'une zone de tonte à une autre pour assurer une tonte régulière de l'ensemble des sites.

Ecomouton est typiquement l'exemple d'une boîte *low-tech*, utilisant des savoir-faire ancestraux pour inventer le monde de demain. Certes les moutons émettent des gaz à effet de serre, mais c'est assez faible comparé à toutes les matières premières et l'énergie qu'il faut pour fabriquer des tondeuses, et les faire fonctionner. Par ailleurs, cette activité a un impact non négligeable sur la biodiversité. La pratique de l'éco-pâturage contribue à la préservation d'une des races de moutons les plus rares, celle des moutons d'Ouessant. Ces derniers ont des caractéristiques bien particulières : ils sont petits, rustiques, robustes, et s'adaptent très bien aux conditions climatiques et aux différents types de terrain. Aujourd'hui, fort de son succès, Ecomouton commence à avoir plus de naissances qu'il n'en faudrait ; ils prévoient donc d'ouvrir leur activité à l'export, notamment dans les pays limitrophes. Comment ne pas se réjouir ainsi de voir, une fois n'est pas coutume, l'animal remplacer la machine !

*
* *

Parmi tous les acronymes utilisés dans le monde économique, il y en a un qui revient beaucoup trop souvent : celui de PIB, alias produit intérieur brut. En fait, il devrait être purement et simplement rayé de notre vie de tous les jours. Cet indicateur est né aux États-Unis en 1931, lors de la Grande Dépression. Un économiste du nom de Simon Kuznets a alors été chargé par le gouvernement de mettre sur pied une tentative de comptabilité nationale. Il prit le parti de cumuler toutes les productions du pays et aboutit à un chiffre. Un seul. Facile à mémoriser, facile à utiliser, facile à diffuser. Sous la forme de PNB (produit national brut), il comptabilisait aussi bien les productions réalisées dans le pays que celles réalisées à l'étranger. Les instances internationales ont finalement préféré se cantonner aux seules productions réalisées sur le sol du pays. Elles ont donc promu le PIB au rang d'indicateur phare de la santé des nations.

Ouvrons le capot de ce calcul et regardons ce qui se trouve à l'intérieur. Le PIB est la somme de toutes les valeurs ajoutées des productions considérées comme économiques. Ce qui signifie très clairement que tout ce qui n'est pas considéré comme « économique » ne rentre pas dans son champ. Si le citoyen était avant tout un *homo economicus* dont la satisfaction variait en fonction de ses acquisitions, nous nous en contenterions. Comme il se trouve qu'être *sapiens* suppose de nombreux autres besoins, nous ne pouvons pas tout réduire à ce chiffre. Simon Kuznets le reconnaissait lui-même : « Le bien-être d'une nation peut difficilement être déduit d'une mesure du revenu national[1]. »

En effet, tout ce qui a un prix n'apporte pas nécessairement de bien-être (mais rentre dans le PIB) et tout ce qui n'en a pas peut très bien en apporter (mais ne rentre pas dans le PIB). Nous vendons des paquets de cigarettes ? Excellent pour le PIB, moins pour la santé. Nous subissons des feux de forêt ? Excellent pour le PIB, moins pour la nature. Nous améliorons la formation des enseignants ? Excellent pour nos élèves, moins pour le PIB. Nous recyclons l'eau au sein de nos résidences ? Excellent pour la ressource hydrique, moins pour le PIB. Des exemples comme ceux-là, il en existe des milliers. Parce que le PIB comptabilise les valeurs d'échange plutôt que les valeurs d'usage. Tout ce qui n'est pas monétisé n'a donc, selon cette logique, pas de valeur. Et tout ce qui a un prix a de la valeur, même si elle est négative (comme les cigarettes).

Mais alors, qu'en est-il des ressources naturelles ? Tant qu'elles ne sont pas rentrées dans la grande lessiveuse économique, elles ne valent rien. L'eau qui s'évapore de nos mers, qui forme des nuages, qui se déverse en pluie fine sur nos campagnes, qui abreuve nos arbres et irrigue nos champs puis qui finit par reconstituer nos nappes phréatiques n'a pas de valeur aux yeux du PIB. Elle en a en revanche quand elle est récupérée à la source par un géant de l'agroalimentaire puis mise sous plastique et vendue en grandes surfaces. Il est déjà difficile d'accepter qu'un baril de pesticides et un bac de terreau soient comptabilisés de la même façon, il est impossible d'accepter que nos ressources naturelles n'aient aucune valeur. Ou pire, qu'elles soient épuisées et dégradées pour faire gonfler de prétendues « richesses ». Car le PIB ne parle pas en stocks. Il ne dit pas : voilà toute la richesse que vous avez accumulée (des forêts sur tout le territoire, des cours d'eau abondants, des champs fertiles, etc.). Il dit plutôt : voilà toute celle que vous avez vendue (du bois débité en morceaux, de l'hydroélectricité, des récoltes sur les marchés financiers, etc.). Or, c'est en stocks que la richesse naturelle et les limites planétaires s'expriment : surface forestière, taille des populations animales, quantité de poissons dans l'océan, réserves de ressources minérales…

Ce lien entre PIB et destruction de l'environnement a été conceptualisé par le Japonais Kaya dans une équation qui porte aujourd'hui son nom : CO_2 = population × (PIB/population) × (énergie/PIB) × (CO_2/énergie). Les émissions de CO_2 d'un pays sont le produit de l'intensité en CO_2 des énergies utilisées, de la quantité d'énergie par unité de PIB, du PIB par habitant et du nombre total d'habitants. Le PIB ne serait donc pas un indicateur neutre, il serait nocif. Robert Kennedy l'a mieux résumé que personne : **« Le PIB mesure tout, sauf ce qui fait que la vie vaut la peine d'être vécue**[2]**.** » À l'époque, il pensait sans doute plus au baril de napalm qu'au baril de pesticide mais l'impact au fond n'est guère différent. C'est tellement vrai que les habitants d'un pays comme le Portugal jouissent d'une espérance de vie de 81 ans tandis que les concitoyens de feu Robert Kennedy ne vivent pas au-delà de 77 ans en moyenne tout en profitant paradoxalement d'un PIB par habitant plus de trois fois supérieur.

Changer de mode de vie, c'est aussi changer de mode d'évaluation. On ne peut pas braquer notre longue-vue sur un autre endroit du paysage sans procéder à une nouvelle mise au point. Le choix des indicateurs qui vont nous aider à piloter la transformation de notre économie est un choix éminemment politique. Et éthique. Depuis peu, des tentatives voient le jour, quoique timidement, y compris lorsqu'elles sont promues par les Nations unies. L'indice de pauvreté multidimensionnelle (IPM) intègre des critères de longévité, d'exclusion, d'instruction ou de conditions de vie. L'indice de développement humain (IDH) ajoute au PIB l'espérance de vie et le niveau d'éducation. Le bonheur national brut (BNB) popularisé par le Bhoutan repose sur des critères de développement économique et social, durable et équitable, de préservation et de promotion des traditions culturelles, de sauvegarde de l'environnement et enfin de bonne gouvernance.

Toutes ces tentatives se heurtent à l'absence de définition unique de termes sémantiquement aussi riches que

« bien-être », « développement », « progrès social » ou « qualité de vie ». Mais ce n'est sans doute pas parce qu'on ne lui trouve pas de remplaçant immédiat qu'il ne faut pas se débarrasser d'un indicateur qui fait plus de mal que de bien. En médecine, le terme d'« iatrogène » désigne les effets indésirables provoqués par la prise d'un médicament. Si le traitement (ici, la croissance du PIB) ne soigne pas (n'améliore pas le bien-être) mais au contraire provoque de nouveaux maux (le dérèglement climatique), faut-il encore le conserver ? Non. En fait, chaque action en faveur de l'environnement gagnerait à être mise en avant au même titre que chaque action en faveur de la santé, de l'éducation, de l'économie… **C'est ce que propose la comptabilité triple capital qui invite les entreprises à ajouter au calcul de la performance financière ceux de la performance sociale et de la performance environnementale. Celle-ci devra devenir obligatoire.** Rares sont celles qui ont fait la bascule mais la logique est ici la même qu'avec le PIB : toutes les actions ne peuvent pas être vues au prisme de leur seule valeur financière. Car notre vraie richesse est ailleurs.

Action Happy End #6

Adopter des indicateurs alternatifs au PIB.

Deuxième partie

Une troisième voie est possible

« Cesse de croire et instruis-toi. »

André Gide

7

Réussir le découplage

ADIONICS (ÎLE-DE-FRANCE)

Guillaume a passé plus de douze ans à faire de la R&D pour un grand groupe industriel français spécialisé dans les gaz industriels. Passionné par les problématiques liées à l'eau, il souhaite quitter le confort de son job pour se lancer dans son propre projet entrepreneurial. Adionics est créée en 2012, pour proposer des solutions dans le traitement et la valorisation de l'eau salée. Ce chercheur dans l'âme travaille donc pendant plusieurs années pour inventer des méthodes nouvelles, afin de produire de l'eau potable à un coût inférieur à celui proposé par les usines de dessalinisation. En 2014, il va faire une découverte qui va complètement chambouler ses perspectives : un fluide permettant de piéger certains sels, notamment le lithium. Ce dernier a pris une part importante dans notre économie, car il est l'un des composants principaux des batteries, surtout des voitures électriques. En Europe, notre besoin en lithium va être multiplié par 18 d'ici 2030. Guillaume décide dès lors de changer son fusil d'épaule et de se concentrer dans le domaine de l'extraction de cet or blanc.

Le processus classique pour obtenir du lithium consiste à laisser s'évaporer de grandes salines plusieurs milliers de mètres cubes d'eau. Cette méthode prend plusieurs mois et laisse l'eau, ressource de plus en plus précieuse, s'échapper dans l'atmosphère. Grâce à son invention, il est désormais possible d'extraire le lithium en très peu de temps et de consommer jusqu'à cent fois moins d'eau que la méthode traditionnelle. L'entreprise est même capable d'en réinjecter une partie dans les nappes. Non seulement Adionics a un impact environnemental plus faible, mais le fluide qui est utilisé est aussi réutilisable. L'entreprise de Guillaume a construit une première installation pilote à Calais, qui a aujourd'hui fait ses preuves. Ce démonstrateur va être démonté et envoyé en Amérique du Sud, au cœur du triangle du lithium où l'Argentine, le Chili et la Bolivie se partagent plus de la moitié des ressources mondiales.

L'industrie de l'extraction du lithium n'est pas sans avoir une empreinte écologique importante. Ce qui est aujourd'hui une composante essentielle pour notre passage des énergies fossiles à des énergies durables est paradoxalement une catastrophe environnementale à d'autres égards. Les mines ont un fort impact sur les écosystèmes environnants, qu'il s'agisse des peuples autochtones, des animaux ou des sols. Ce qu'apporte Adionics, c'est une méthode plus efficace qui minimise l'impact lors de l'extraction minière. Mais leur idée est d'aller plus loin, et d'utiliser leur technologie pour faciliter aussi le recyclage des batteries. Le lithium n'est pas une ressource infinie, il faut d'ores et déjà penser à comment le réutiliser. Et c'est vrai pour l'ensemble des matières premières extraites de la terre. C'est pourquoi Adionics réfléchit aussi à développer des méthodes pour repenser l'ensemble de la chaîne de valeur, ce qui s'avère absolument fondamental pour réussir à décarboner proprement notre économie.

*
* *

À l'orée du premier choc pétrolier de 1973, la France est largement dépendante des énergies fossiles. Lorsque le prix du baril est multiplié par 4 en un temps record, une telle dépendance n'est plus acceptable. Diversifier les sources d'énergie devient un impératif partagé au sommet de l'État. En 1974, le Premier ministre annonce ainsi sa décision d'accélérer le programme nucléaire civil et de lancer treize centrales de 1 000 mégawatts chacune dans les deux ans, triplant ainsi le nombre de réacteurs en service. « En France, on n'a pas de pétrole mais on a des idées », pouvait-on claironner fièrement. Trente-sept autres réacteurs suivront (avant l'arrêt de la centrale de Fessenheim), plaçant notre pays en tête des nations nucléaires. Quand environ 64 % de l'électricité mondiale est produite à partir des énergies fossiles, ce chiffre tombe ainsi à 47 % en France [1].

Mais la pression mise en 1973, puis en 1978, par les pays de l'OPEP sur le prix du pétrole ne nous a pas dissuadés de contenir notre consommation. En moins de cinquante ans, nous sommes passés d'une production électrique de 514 TWh à 1 423 TWh (en 2020) [2]. Quant à la consommation totale d'énergie primaire, elle passait, elle, de 180 millions de tonnes équivalent pétrole à 245 (en 2019). Dans le même temps, notre PIB progressait, lui, de 180 à 2 220 milliards d'euros. À première vue, on constate une nette déconnexion entre l'accroissement de la consommation d'énergie et celle du PIB. Certes, les deux augmentent, mais à des vitesses bien différentes. Avec un minimum d'efforts, ne pourrait-on pas poursuivre notre accumulation de richesse à un coût énergétique moindre ? C'est l'ambition de tous les apôtres de la croissance verte. Qu'à chaque nouveau point de croissance corresponde non pas une hausse, même faible, de notre consommation carbone mais au contraire une baisse. Tentant ? Oui. Possible ? Pas si simple.

Cette ambition a un nom : le découplage. Deux variables sont couplées quand l'évolution de l'une affecte l'évolution de l'autre. Plus la côte est raide et plus nous devons appuyer sur les pédales de notre vélo : il y a un lien direct entre la variable « relief » et la variable « intensité musculaire ». Si un jour nous troquons la vieille bicyclette de notre adolescence pour un vélo à assistance électrique, les côtes nous sembleront tout à coup bien moins pentues et nous ne serons plus obligés de forcer : grâce aux bienfaits de l'électricité, les deux variables « relief » et « intensité musculaire » seront décorrélées. Il y aura découplage. **Réussir le découplage revient à casser le lien de dépendance entre le PIB et l'empreinte carbone de la France.** Certains auteurs l'élargissent même à tous les autres impacts de l'économie sur le vivant et parlent plutôt de placer en regard du PIB le concept de « charge écologique [3] ». Mais pour qu'un découplage soit vraiment réussi, il doit réunir au moins six qualités [4].

Premièrement, il doit être « absolu ». On ne peut pas accepter que les émissions de GES continuent de progresser même si c'est à une vitesse bien inférieure à celle du PIB (ce qui équivaudrait à un découplage « relatif »). L'urgence est telle qu'il faut impérativement que ces émissions baissent. Deuxièmement, il doit être « total ». On ne ferait qu'une partie du chemin si l'on découplait PIB et émissions de GES mais que l'on continuait d'appauvrir les sols, de polluer les eaux, d'éradiquer les forêts voire de détruire la biodiversité. Troisièmement, il doit être « mondial ». Le risque est grand en effet de ne regarder que ce qui se passe sur le territoire français. Mais diminuer la consommation carbone chez nous pour l'augmenter hors de nos frontières n'aurait pas grand sens, la planète n'ayant cure de nos délimitations administratives. Quatrièmement, il doit être « permanent ». On ne peut en effet se contenter de soubresauts sur quelques années. D'autant que l'effort doit être la résultante d'un changement de modèle économique et social, comme on l'a vu au chapitre précédent. Cinquièmement, il doit être « rapide ». Si nous voulons rester sous le plafond des 1,5 °C (par rapport à la période préindustrielle), nous devons diviser nos émissions par 6 d'ici 2050 [5] ; il faut donc s'y mettre sans tarder. Sixièmement, il doit être « par le bas ». Un découplage par le haut correspondrait à un envol du PIB et, par exemple, une stagnation des émissions de GES. Ce n'est pas notre objectif. Il s'agit plutôt de diminuer considérablement les émissions de GES tout en faisant notre possible pour que le PIB ne s'en porte pas trop mal, même si cet indicateur est loin d'être idéal.

On le voit à l'aune de cette décomposition, le découplage ne sera pas atteint d'un claquement de doigts. Car la prospérité de nos nations depuis le XVIIIe siècle s'est échafaudée sur notre maîtrise de l'énergie à base de ressources extractibles : charbon puis pétrole et gaz puis uranium. C'est donc une remise en cause radicale de notre modèle de développement. Le découplage ne peut dépendre uniquement d'ajustements techniques marginaux. Il renvoie à des choix de société. Des choix politiques et éthiques. Il implique tout à la fois une transformation profonde de nos modes de production et de consommation, des innovations technologiques et des bouleversements sociaux.

Des frémissements sont déjà ressentis dans plusieurs pays. En Allemagne, le PIB a crû de 14 % entre 2010 et 2018 tandis que les émissions de CO_2 intérieures et importées chutaient respectivement de 12 et de 14 %. Au Royaume-Uni, le PIB a crû de 9 % et les émissions de CO_2 intérieures et importées ont chuté de presque 30 % sur la même période [6]. Même les États-Unis, pourtant peu connus pour leur respect de l'accord de

Paris, ont vu leurs émissions chuter en troquant le charbon pour le gaz naturel[7]. Bien sûr, nous n'en sommes qu'aux prémices. Bien sûr, ces nations n'ont plus la trajectoire de la Chine ou l'Inde qui, elles, continuent de voir leurs émissions s'envoler mais, plus largement, 23 pays ont réussi un découplage absolu entre PIB et émissions territoriales entre 2015 et 2018 selon le volume III du rapport 2022 du GIEC[8].

Une étude très complète de 835 articles scientifiques sur le sujet par un groupe de seize chercheurs[9] a pourtant conclu que les taux de découplage repérés ici ou là ne répondaient pas aux ambitions de la décarbonation. S'ils ne sont pas encore radieux, il n'est pas trop tard pour agir.

Doit-on envisager qu'il ne sera jamais atteint ? Djalāl ad-Dīn Muḥammad Balkhi, ou Rûmî, est un poète persan du XIIIe siècle dont les écrits ont profondément influencé le soufisme. Dans l'un de ses contes, il présente l'histoire d'un éléphant que l'on avait placé dans une maison obscure. Les gens entraient un par un pour le voir. Mais l'obscurité était telle qu'ils ne pouvaient rien distinguer et c'est au toucher qu'ils le découvraient. Le premier posa la main sur sa trompe et dit « Cette créature est comme un tuyau d'eau » ; le deuxième lui toucha l'oreille et dit « On dirait plutôt un éventail » ; le troisième tâta sa jambe et dit : « Il ressemble plutôt à un pilier » ; le quatrième leva la main sur son dos et dit : « En vérité, c'est un trône » ; sans chandelle pour illuminer la pièce et apercevoir l'éléphant dans son entièreté, ils en étaient réduits à ne le considérer que par parties. C'est un peu à cela qu'en sont réduits nos scientifiques qui examinent les tentatives de découplage. Leurs analyses ne portent que sur des situations parcellaires. Car nous n'avons pas d'exemples d'économies qui auraient enclenché toutes les actions nécessaires pour atteindre une situation de découplage. Or, c'est bien ce qu'il nous faut aujourd'hui mettre en place. C'est cette ligne de crête entre la poursuite de la prospérité et la décarbonation de toutes nos pratiques qu'il faut tenir.

Toutes les innovations sociales, économiques et technologiques qui accentueront le découplage seront bonnes à prendre. Mais à prendre avec des pincettes et de la vigilance malgré tout. Car on connaît leur revers : l'effet rebond, alias paradoxe de Jevons. En 1865, William Stanley Jevons remarque que l'amélioration de l'efficacité des machines à vapeur n'a pas eu pour conséquence de diminuer la consommation de charbon. Bien au contraire, son exploitation étant plus rentable, le charbon est devenu plus intéressant : de 1800 à 1850, le prix de revient des tissus est ainsi divisé par 5 et la production multipliée par 50. Les usages de la machine à vapeur s'en sont trouvés démultipliés. Au lieu de réduire la consommation, les gains de productivité l'ont accrue.

L'effet rebond n'a toutefois pas qu'un seul saut. Toujours en Grande-Bretagne, on a pu remarquer que l'exploitation croissante du charbon a eu des conséquences sur une autre source d'énergie : le bois. La pression sur cette ressource était déjà très forte depuis deux siècles, on suppose même que c'est une carence en bois due à une déforestation intense qui a incité les Anglais à se tourner vers le charbon [10]. Or, loin de diminuer cette pression, la révolution industrielle n'a fait que l'accentuer et la période s'est caractérisée par un triplement des importations de bois entre 1850 et 1890 [11].

Il n'est pas inutile de noter encore un autre enseignement de cette période. Le charbon est venu suppléer une crise du bois. Les Anglais savaient donc déjà qu'une ressource était épuisable, ils en avaient directement subi les affres. Pourtant, malgré la parution des travaux de Jevons, il fallut attendre les années 1920 pour que quelques voix émettent l'idée que les réserves d'énergies fossiles pouvaient, elles aussi, être limitées.

Nous sommes donc prévenus : le découplage se pilote. Sous prétexte que le moteur électrique est plus vertueux que le moteur thermique, on ne peut pas envisager que tous les véhicules thermiques soient remplacés par leurs équivalents électriques. Auquel cas la consommation d'électricité et de métaux rares explosera, et nous ne serons pas capables de produire le surplus nécessaire. Il faut du remplacement, c'est certain, mais aussi de la substitution : transports en commun, véhicules légers, vélos classiques et à assistance électrique et toutes les infrastructures qui vont avec. Dont la construction aura bien évidemment un coût à court terme mais dont le bénéfice devrait se faire sentir au fil des années et des décennies. On en revient à l'idée d'un cap résolument affirmé et d'une planification multisectorielle.

Ce découplage exige aussi que nous appréhendions l'idée de croissance sous un angle différent. Jusqu'à présent, le marché a considéré que la question de la finitude des ressources n'était pas un sujet

digne d'intérêt. L'évidence nous dit pourtant qu'on ne peut pas décorréler la croissance de la richesse avec le monde physique dans lequel nous vivons, et qu'il faut donc tenir compte des stocks et des rythmes de renouvellement des ressources naturelles dans notre équation. Le pic, autrement dit ce moment où les réserves disponibles de matières premières se mettent à diminuer, est atteint sur les trois sources d'énergies fossiles : il date des années 1970 pour le charbon en Europe, de 2004 pour le gaz en mer du Nord et de 2008 pour le pétrole dans le monde (hors pétroles non conventionnels) [12]. Les réserves ne sont donc pas infinies et chaque tonne extraite nous coûte un peu plus cher.

Si la ressource se raréfie, on ne peut alors plus se permettre de la gâcher. Or, nous vivons dans une économie du gaspillage. À titre d'exemple, chaque année en France, près de 10 millions de tonnes de nourriture consommable sont gaspillées, soit l'équivalent de 150 kg/habitant/an. Mais le gâchis ne touche pas que l'alimentaire, tous les secteurs sont concernés. Le secret du découplage ne réside donc pas seulement dans un « consommer moins », il implique aussi un « consommer mieux ». Pour consommer moins, autrement dit pour émettre moins de GES, il faut que chaque tonne de carbone émise nous coûte plus cher. **Pour consommer mieux, autrement dit pour diminuer le gaspillage, il faut que chaque tonne de déchets nous coûte elle aussi plus cher, ou inversement que l'épargne soit récompensée.** Qu'a-t-on fait jusqu'à présent sur ces deux prix ? Presque rien. Si nous, entreprises, établissements publics et particuliers, commençons tout juste à nous soucier de nos émissions carbonées, nous sommes encore trop peu à avoir pris à bras-le-corps la question des déchets. Sur le premier sujet comme sur le second, notre marge de manœuvre est gigantesque.

Action Happy End #7

Traquer toute forme de gaspillage (énergie, déchets…) à travers des systèmes de bonus-malus.

8

Une 3e voie pour faire des économies

ELITHIS (BOURGOGNE-FRANCHE-COMTÉ)

Thierry a grandi à la campagne, mais est très vite venu vivre en ville. Empreint depuis toujours d'une conscience écologique forte, il a pendant longtemps travaillé pour le groupe Vinci, un des leaders du bâtiment en France. Il lui a été bien difficile de faire reconnaître ses idées en matière de construction durable, l'enjeu environnemental n'étant pas vraiment à l'époque une priorité. Il décide donc en 2003 de se lancer tout seul et de fonder Elithis, pour construire des bâtiments à énergie positive. Nombreux sont ceux qui voyaient ce projet comme une douce utopie : bâtir des immeubles produisant plus d'énergie qu'ils n'en consomment semblait impossible. Deux principes clés guideront ses réalisations : la frugalité dans l'utilisation des matériaux (faire aussi bien, voire mieux, mais avec moins) et la sélection pointue de ceux-ci (éco-sourcés, décarbonés...). Il privilégie ainsi la *low-tech*, qui coûte moins cher et est moins consommatrice d'énergie.

Une première tour voit le jour à Dijon en 2009, puis une deuxième à Strasbourg quelques années plus tard. Dans cette dernière, ce sont 63 appartements qui dominent le Rhin, avec une vue spectaculaire entre la France et l'Allemagne. Au bas du bâtiment, des activités tertiaires et des bureaux : jusque-là, rien de plus normal. Mais c'est en levant les yeux au ciel qu'on s'aperçoit de la spécificité de l'architecture, tout sauf banale. La tour a la forme d'une proue de bateau, avec une grande lucarne à son sommet, comme une vigie. Sa couleur zébrée elle aussi interpelle. Tout a pourtant un sens précis : la forme si particulière est une conception bioclimatique, où la façade nord a le profil d'un fuselage d'avion pour moins de déperdition d'énergie, car moins de fenêtres peuvent y être installées. À l'opposé, la partie sud est beaucoup plus grande avec des panneaux photovoltaïques noirs, telles des vitres teintées, faisant face au soleil tout au long de la journée. Les toitures aussi sont couvertes de panneaux solaires, pour un total de 1 200 m^2. L'enveloppe du bâtiment est conçue pour être très isolée, et le sommet de la tour est un espace convivial avec une vue incroyable sur la ville.

À l'intérieur de chaque appartement, une application domotique permet de contrôler l'ensemble des paramètres (électricité, chauffage, eau chaude), de programmer les températures et de voir sa consommation en direct. Un logiciel envoie par ailleurs des notifications pour penser à ouvrir les volets en hiver afin de réchauffer les pièces pendant la journée, et inversement l'été. Les volets spécifiquement conçus sont des brise-soleil orientables qui s'inclinent selon l'orientation de la lumière. Au global, les habitants ont une facture énergétique négative ; ils reçoivent même de l'argent chaque année. Pour inciter à toujours améliorer les comportements, des défis sont lancés (comme laisser son appartement à 21 °C sur toute une année) et récompensés par des primes payées en Stück, la monnaie locale de Strasbourg. Ce modèle de construction, à la fois révolutionnaire et à portée de truelle, fait des émules. Elithis compte plus de 130 salariés et a lancé des chantiers dans toute la France et en Europe. L'idée est de développer une centaine de projets qui permettront de montrer que l'habitat décarboné, c'est vraiment possible, et pour un coût similaire à la construction classique !

*
* *

La décarbonation de nos sociétés ne peut pas attendre. Depuis l'accord de Paris, nous avons déjà trop tergiversé. Les efforts sont évalués (il nous faut réduire nos émissions de GES de 5 % par an jusqu'en 2050) et les opinions sont prêtes (69 % des Français considèrent la transition écologique urgente [1]) mais les politiques et les actions ne suivent pas encore : 92 % des Français estiment que les moyens mis en œuvre ne sont pas à la hauteur des enjeux. Les Français pourtant ne refusent pas les mesures en faveur de la décarbonation. Ils reconnaissent bien volontiers que l'homme est responsable du dérèglement actuel (seuls 4 % en doutent [2]) mais leur connaissance ne va guère plus loin, et ils ont du mal à identifier les activités les plus émettrices de GES. Ce qui ne les empêche pas de se sentir responsables de ce qui arrive, comme le pensent 63 % d'entre eux (42 % imputant cette responsabilité en priorité aux plus riches). Ils sont 34 % à considérer que c'est la priorité du moment, priorité uniquement devancée par le « pouvoir d'achat » qui arrive en tête pour 54 % [3].

Il est aujourd'hui grand temps de proposer une troisième voie. Parce que les deux qui nous sont proposées aujourd'hui ne semblent clairement pas emporter l'adhésion générale. D'un côté, on nous promet une croissance verte qui ressemble fort à un *statu quo* : ne changeons rien à nos habitudes, nous avons toujours su nous en sortir, il n'y a pas de raison qu'une innovation technologique ne vienne pas nous tirer du piège dans lequel nous nous sommes mis. De l'autre, on nous vend une décroissance qui alterne les accents tantôt culpabilisants, tantôt punitifs : notre modèle accumulatif est la cause de tous nos maux, nous devons nous débarrasser de toutes ces choses qui nous entourent et adopter un mode de vie ascétique qui, seul, nous aidera à retrouver la symbiose avec la nature.

Continuer à prôner la croissance en espérant que de l'imagination de quelque entrepreneur naîtra l'innovation opportune, c'est laisser rouler à grande vitesse notre train en espérant qu'un pont finisse par se construire comme par magie au-dessus du gouffre vers lequel il se précipite. Promouvoir la décroissance comme unique moyen de diminuer nos impacts sur l'environnement, c'est sortir des rails avant d'avoir eu le temps de préparer l'aiguillage et

sans savoir si un grand nombre de wagons ne vont pas verser brutalement sur le flanc.

La croissance telle qu'elle est souvent envisagée aujourd'hui est la preuve patente de notre incapacité à imaginer un autre modèle. Elle est la seule réponse que les pouvoirs publics, gouvernement après gouvernement, apportent aux enjeux du chômage, de la compétitivité, de la dette et autres sujets économico-sociaux cruciaux. De plus, c'est une croissance qui dépense sans compter. Chaque extraction de baril de pétrole nous coûte un peu plus cher car il faut chercher plus loin, plus profond ou plus polluant. La chaleur qui émane des process industriels (air chaud, eaux de refroidissement, condensats de fumée, buées ou vapeurs de procédés…) n'est quasiment jamais récupérée et exploitée. En outre, comme le rappelle Gunter Pauli, créateur du concept d'économie bleue, nous n'utilisons qu'une infime partie de ce que nous extrayons ou produisons.

La décroissance telle qu'elle est vécue s'accompagne toujours non seulement de grandes difficultés d'emploi, de licenciements en nombre et de faillites d'entreprises mais aussi d'endettements individuels, d'aides alimentaires massives et de sombres perspectives. Raison pour laquelle, sans doute, même si 69 % des Français ont conscience de l'urgence écologique, à peine 28 % estiment que « pour réussir la transition écologique, on est obligé de stopper la croissance économique [4] ».

Fondamentalement cependant, ce n'est plus en termes de croissance ou de décroissance qu'il faut raisonner. L'histoire nous a déjà fourni des moments où un virage net a été négocié avec succès. Mais qu'on se reporte au

New Deal de Roosevelt ou au programme du Conseil national de la Résistance, toutes ces impulsions majeures l'ont été dans le cadre d'une économie de marché standard. Ce qu'il nous faut aujourd'hui, c'est une approche radicalement différente. Un référentiel où ralentir et accélérer, ou croître d'un côté et décroître de l'autre seraient les résultantes de la même volonté et du même effort. Le retour en arrière n'est pas envisageable, la fuite en avant n'est plus possible, c'est d'un « retour en avant » que nous avons finalement besoin. Un mouvement qui nous ferait prendre le meilleur des deux mondes.

La bonne nouvelle est que réussir à décarboner notre économie est tout à fait possible. Nous avons les moyens pour y arriver, sans bousculer notre qualité de vie. Les outils pour y parvenir sont à notre portée. Nous nous comportons aujourd'hui comme des enfants gâtés, nous gaspillons les ressources naturelles et sommes très loin d'avoir exploité le potentiel de valorisation des déchets, d'avoir ne serait-ce que penser l'optimisation de nos processus de production. Nos procédés industriels sont 50 % plus intenses que nécessaire [5], nous n'avons même pas vraiment commencé la révolution industrielle écologique, alors que le potentiel tant en termes de création d'emplois que d'efficacité énergétique est énorme.

De même dans l'agriculture, des études montrent que nous pourrions nourrir les 10 milliards d'individus qui vont bientôt peupler la planète en respectant les quatre limites fondamentales (la biosphère, les forêts, l'eau et les cycles biogéochimiques) [6]. Ce que nous proposent les multinationales aujourd'hui, à travers le développement durable, est surtout de la communication : on continue comme avant mais avec une touche de vert. Il ne faut pas pour autant jeter le bébé avec l'eau du bain. **Il est techniquement possible de transformer notre économie et la décarboner ! Mais cela demande des investissements conséquents et un changement de notre manière de produire, consommer et jeter. Rien d'infaisable pourtant.**

Cette 3e voie, entre la décroissance et le laisser-faire actuel, n'est pas une utopie mais elle a un coût. L'institut Rexecode[7] chiffre entre 58 et 80 milliards d'euros par an les investissements à réaliser. L'institut Rousseau[8] les situe plutôt à hauteur de 182 milliards, dont 57 milliards d'euros par an en plus des investissements déjà prévus dans un scénario tendanciel (scénario qui prend en compte ce qu'il est déjà prévu d'investir et ce qui serait investi si la tendance initiée se poursuivait jusqu'en 2050). Pour l'institut Rexecode, 43 milliards devraient être pris en charge par les entreprises et 37 milliards par les ménages. Pour l'institut Rousseau, 36 milliards devraient être pris en charge par l'État et 21 milliards par les entreprises. Le rapport Pisani-Ferry/Mahfouz table, lui, sur 34 milliards à mettre chaque année en plus sur la table, les 33 milliards supplémentaires se répartissant entre entreprises et ménages[9].

Pour réussir, il convient à la fois d'implémenter des politiques pluriannuelles et des évaluations d'efficacité afin de procéder aux ajustements nécessaires. Cela nécessite aussi de revoir les règles de la commande publique (200 milliards d'euros par an) dans la mesure où moins de 14 % des marchés passés par l'État, les collectivités ou les établissements publics comportent actuellement une clause environnementale [10] ! Si dans le nouveau plan national des achats durables, 100 % des marchés devraient inclure au moins une clause environnementale en 2025 [11], il faut espérer que cela aura un véritable impact sur la nature de la commande.

Les investissements à effectuer semblent colossaux. Ils ne sont pourtant pas si importants au regard du budget de l'État (moins de 10 %). Ils ne sont pas non plus hors de portée : pour mémoire, le premier plan d'urgence budgétaire mis en place par l'État au moment de la crise sanitaire s'est monté à 42 milliards. Mais plus que tout, ils sont impératifs. Car le coût de l'inaction sera plus exorbitant chaque année. L'assureur suisse Swiss-Re a ainsi évalué le coût des catastrophes naturelles mondiales à 250 milliards de dollars en 2021. En hausse de 24 % par rapport à 2020. Plus le temps va passer, plus ce coût va grimper. Et les catastrophes naturelles ne sont que la partie émergée de l'iceberg des conséquences du dérèglement climatique. Si bien que l'assureur imagine des pertes de PIB pour la France allant de 6,5 à 13,1 % dans le cas d'un scénario à +3,2 °C en 2050 [12]. Au regard de ces prévisions, les efforts à réaliser paraissent presque modérés. Investir dans cette 3e voie n'est finalement qu'une gestion en bon père/mère de famille.

Mais pour enclencher le mouvement irréversible de la décarbonation, c'est une vision de long terme qu'il nous faut développer, souvent peu compatible avec le court-termisme du monde politique. Ce dernier a très peu d'idées en la matière, et préfère se focaliser sur la dernière polémique du moment ou à faire « des coups », plutôt que de réfléchir à construire une stratégie sur trente ans. Il laisse penser que rien n'est possible et que nous devons accepter notre destin avec fatalité, pendant que les Français s'opposent les uns aux autres sur un sujet qui devrait les rassembler. Pourtant les solutions pour être à la hauteur du défi climatique existent. L'économie, la (bonne) finance et nos stratégies d'investissement ont un rôle fondamental à jouer, afin de redistribuer les cartes entre les entreprises polluantes et les autres.

Action Happy End #8

Flécher 35 milliards par an pour la transition écologique.

9

Changer le système en profondeur

TEKYN (HAUTS-DE-FRANCE)

Pierre et Donatien ont toujours eu un lien fort avec le secteur textile. Quand l'un a une partie de sa famille qui travaille dans le secteur, l'autre a accompagné plusieurs boîtes dans l'impitoyable domaine de la fusion-acquisition. Ils se rencontrent un jour par hasard, à travers des amis communs, et partagent un constat sévère sur l'industrie du vêtement. Un tiers des fringues ne sont jamais portées ou sont directement jetées ! Quand on sait qu'il faut près de 2 700 litres d'eau pour produire un T-shirt, qu'on connaît les conditions de travail déplorables des ateliers des pays émergents, ce gâchis donne le vertige. Le modèle de production du secteur textile est tout bonnement affligeant. Les marques commandent en une fois un grand nombre de pièces à des fabricants. Il faut à ces derniers six mois pour les envoyer, et une fois sur les étalages, les vêtements qui ont du succès se vendent en quelques jours, tandis que les autres finissent soldés ou à la poubelle. Ce modèle dit de *push* n'est plus viable et cette *fast fashion* doit être dépassée.

Tekyn naît en 2017, de la volonté de Pierre et Donatien de réinventer le secteur. Leur idée est de permettre aux marques de faire produire en flux tirés. C'est-à-dire d'avoir une production à la demande, où les pièces sont produites au fur et à mesure des ventes et de la demande. Les couleurs qui plaisent, le modèle à la mode, tout est fait pour qu'il n'y ait plus de problématique de surproduction. Pour réussir, Tekyn a développé un logiciel qui permet la coordination de tous les acteurs de la chaîne de production (de la marque au fournisseur des matières premières), mais aussi une grande machine qui découpe les tissus pour ne pas gâcher et éviter les rebuts. Ainsi les marques peuvent commander les vêtements le lundi, et les tissus sont découpés dans la foulée avant d'être envoyés dans un atelier de confection, en France ou en Europe. En fin de semaine, la marque reçoit sa commande (cela met une à deux semaines de plus lorsque c'est fabriqué hors de France). On évite ainsi la multiplication des soldes, qui finalement ne font que déprécier les marques des produits, et on gagne des points de marge précieux ! Car même si on produit en France, cela reste économiquement plus rentable que d'avoir à jeter une partie de sa production.

Que ce soit via la plateforme numérique ou les machines qu'elle a développées, l'entreprise offre une véritable alternative pour des marques comme Cyrillus, La Redoute ou Petit Bateau qui leur ont fait confiance.

Parallèlement, cela répond parfaitement à l'enjeu de la relocalisation de nos savoir-faire industriels, notamment celui du métier de coupeur qui est en train de se perdre. Les machines dernier cri de Tekyn utilisent l'intelligence artificielle, des caméras infrarouges, la découpe laser et sont le liant essentiel pour produire à la demande et faire du *Made in France*. De nombreux ateliers les utilisent aujourd'hui, y compris dans le domaine du luxe où le besoin est important. Plus de 150 acteurs du textile hexagonal utilisent leurs services et leur organisation est en plein développement. Efficacité, local et responsable : tels sont les maîtres mots de Tekyn, démontrant ainsi qu'il est possible de réduire notre dépendance face aux mastodontes du secteur que sont le Chine et l'Inde.

*
* *

Notre système est cet athlète de haut niveau qui découvrirait que les produits anabolisants dont il se gave pour enchaîner les performances sont sur le point de l'empêcher de pratiquer son activité. Habitué depuis des années, il n'arrive pas à se sevrer mais chaque nouvelle dose le rapproche de la fin de sa carrière. Il sait qu'il doit arrêter mais qui va l'en convaincre ? Et comment ?

Le modèle sur lequel les pays développés ont bâti leur prospérité depuis des décennies ressemble à une course effrénée vers l'avant sans ligne d'arrivée ni temps limite. Changer de voiture tous les cinq ans, d'iPhone tous les ans et de manteau tous les six mois est un impératif auquel nous ne résistons pas. Peu importe que la durée de vie moyenne d'une auto soit de dix ans et celle d'un iPhone de quatre, nous ne pouvons décemment patienter aussi longtemps avant d'en changer.

Toute notre société est bâtie autour de ce mouvement perpétuel. Or, plus nous respectons les normes en vigueur au sein du groupe social auquel nous appartenons et plus nous recevons de reconnaissance. Cette reconnaissance sociale déclenche notre circuit de la récompense et nous procure les décharges de dopamine dont notre cerveau est si friand. Nous devons donc absolument ne jamais nous arrêter de courir. Étouffer ce mécanisme neuronal est impossible, il est ancré en nous depuis des millions d'années. L'homme et la femme préhistoriques que nous étions ressentaient eux aussi ces décharges lorsqu'ils identifiaient des informations utiles à leur survie, lorsqu'ils réussissaient à capturer un animal pour leur repas, lorsqu'ils grimpaient dans la hiérarchie de leur tribu ou lorsqu'ils s'accouplaient. Ainsi, quand la zone néocorticale de notre cerveau nous dit que, pour vivre dans un monde décarboné, il va nous falloir ralentir, quitte à revoir nos modes de vie, la zone striatale (le striatum est la cible de la dopamine) de notre cerveau se braque et le refuse.

Au rythme où nous allons, il nous reste à peine vingt ans pour épuiser notre « capital carbone ». Si les huit milliards d'habitants de notre planète étaient huit milliards d'Américains avec leur quotidien dispendieux, il ne nous en resterait que quatre. Si les huit milliards étaient huit milliards d'Africains avec leurs habitudes frugales, il nous en resterait près de soixante. Nous ne pouvons plus moduler notre système par petites touches. C'est ce que nous faisons en France depuis des années et les émissions de GES peinent à se réduire alors que la demande finale intérieure, elle, augmente de 40 % depuis 1995 [1]. Comment peut-on sérieusement envisager de diminuer notre impact sur le vivant avec une demande qui ne cesse de croître de façon vertigineuse ?

C'est la question du champ des possibles qui se pose ici à nous. Notre idéal de liberté le voudrait sans limites, notre planète le borne en termes de ressources et d'émissions. Il faut donc apprendre, et très vite, à vivre avec une liberté contrariée dans certaines de ses expressions. Mais cela ne veut pas pour autant dire vivre une vie « rabougrie » faite de frustrations constantes. Une étude a montré récemment que nous pouvions tout à fait satisfaire les besoins essentiels de huit milliards d'individus sans excéder les limites planétaires [2]. Le virage écologique nous demande de dresser des priorités entre les secteurs. Ce sont les plus émetteurs de carbone qu'il faut faire évoluer le plus vite : énergie, bâtiment, transport, agriculture. Les inviter poliment, les encourager gaiement ou les inciter fermement n'y suffira pas. Il faut dès à présent les contraindre, les aider et leur dessiner un avenir désirable.

Plutôt que d'expliquer aux Français qu'ils seront contraints à tous les niveaux, c'est surtout le monde économique qu'il faut accompagner. Il n'est déjà plus moralement acceptable de produire des biens avec un coût carbone élevé. Demain, cela ne devrait plus être économiquement viable. **Nous avons besoin d'un choc sur l'offre, pour que le consommateur ait vraiment le choix.** Tous les objets qui sont directement issus des énergies fossiles ou qui en demandent une consommation indécente pour être produits devraient voir leur prix s'envoler et leur valeur s'effondrer. Malheureusement, le prix du carbone est encore beaucoup trop bas. Si les importations ont continué à augmenter si nettement, c'est bien parce qu'il est encore et toujours moins cher de produire à l'étranger et d'acheminer par mer ou par terre jusque chez nous plutôt que de produire sur le sol national. Les grands logisticiens, tel CMA-CGM, numéro trois du secteur, continuent d'envoyer leurs navires aux quatre coins du monde et d'accumuler en retour des bénéfices astronomiques (23 milliards pour le géant marseillais en 2022, un tiers de son chiffre d'affaires). On sait pourtant que « donner un prix au carbone contribue à faire peser le poids des dommages découlant des émissions de gaz à effet de serre sur ceux qui en sont responsables et qui sont en mesure de les faire baisser [3] », comme l'explique la Banque mondiale. Les débats autour de la nature (taxe, quotas, unique ou multiple...), du montant et du mode de calcul de ce prix ne sont pas tranchés mais une chose est certaine : il doit augmenter si l'on veut qu'il ait un effet dissuasif.

Cette hausse entraînera mécaniquement un phénomène d'inflation ou de *greenflation*. La crise de l'énergie, structurelle compte tenu des réserves disponibles et accentuée dès avant la guerre en Ukraine, n'est qu'un avant-goût de ce que nous risquons de connaître. Car même si le prix de l'électricité d'origine solaire a chuté de près de 90 % et celui de l'électricité éolienne terrestre de 70 % entre 2009 et 2019 [4], la quantité produite n'est pas encore suffisante pour compenser les hausses de prix des énergies fossiles. En outre, les matières premières utilisées dans les technologies vertes vont elles aussi voir leur demande exploser et donc leur prix s'envoler. **Si le prix du carbone doit augmenter, et il le doit, cela ne sera pas sans conséquence. Mais des réponses fortes devront aussi être apportées pour les revenus les plus modestes principalement.** Par ailleurs, si certaines compétences et capitaux risquent d'être *de facto* dévalorisés, de nombreuses opportunités d'innovation et d'investissement en découleront. Les conséquences négatives de ce choc sur l'offre seront compensées par les segments de marché qui s'ouvriront notamment à l'international. D'où l'importance pour la France et l'Europe d'être pionnières dans cette nouvelle économie.

La contrainte se traduit ensuite sur le plan politique. Est-il par exemple bien nécessaire, dans un pays comme la France métropolitaine où deux points ne peuvent être séparés par plus de 1083 km, d'entretenir des dizaines de lignes aériennes ? Le gouvernement a choisi d'interdire les services réguliers de transport aérien public de passagers intérieurs dont le trajet est également assuré par voie ferrée en moins de deux heures trente. La proposition initiale portait sur quatre heures. Pourquoi une telle timidité ? Comment expliquer qu'au final seules trois lignes sont concernées, qui ne représentent que 3 % du trafic national ? À part supposer que la réduction des émissions de GES n'est pas la priorité du gouvernement et qu'il lui préfère, par exemple, la préservation de certaines rentes économiques, on ne voit pas bien.

Pourtant, en tant que citoyens et consommateurs, nous ne sommes pas opposés à la contrainte si elle a des visées vertueuses. C'est ce qu'il ressort d'une étude où les chercheurs fixaient aux sujets un seuil de pollution ambiante à ne pas dépasser. S'ils le respectaient, ils se voyaient exonérés de toute taxe, s'ils le dépassaient, ils étaient redevables de la taxe. Les résultats de l'étude ont montré que le seuil n'était jamais franchi et que la perspective de devoir payer une taxe agissait efficacement aussi bien sur les pollueurs affectés par la pollution que sur ceux qu'elle n'affectait pas [5].

La contrainte ne peut toutefois suffire. Elle peut même être contre-productive si elle n'est pas accompagnée de mesures d'aide pour celles et ceux qu'elle touche au premier chef. C'est exactement ce qu'il s'est passé avec le mouvement des Gilets jaunes lorsque la seule perspective de quelques centimes de plus sur le litre d'essence a enflammé une vaste partie de la population qui, à juste titre, se sentait lésée par cette proposition. Certains secteurs d'activité tireront mécaniquement les bénéfices de ces contraintes en faveur de la décarbonation : l'agriculture, le ferroviaire (voyageurs et fret), l'industrie du cycle, le secteur de la rénovation énergétique, celui des énergies renouvelables… D'autres en revanche devront sans attendre diminuer leur production et leurs investissements : chimie, métallurgie, matériaux de construction, automobile, énergies fossiles (le GIEC ne conseille-t-il pas d'interdire purement et simplement tout nouveau forage d'énergie fossile ?)… Mais il ne serait ni juste ni raisonnable de les laisser se débrouiller seuls face à cette situation. À titre d'exemple, le secteur de l'automobile a une double transition à réaliser : en termes de production d'une part (du thermique vers l'électrique), et en termes d'usages d'autre part (location, covoiturage, partage...). Car remplacer tous les véhicules à essence par autant de véhicules sur batteries n'aurait aucun sens : changer de modèle, autrement dit vivre et consommer plus responsable, implique également de changer d'habitudes.

Mais il ne suffit pas d'aider ces secteurs à décélérer, il faut surtout aider leurs salariés à retrouver rapidement un emploi. Ce qui suppose une réflexion géographique (par bassin d'emploi) et professionnelle (par compétence) qu'aucune entreprise ne peut orchestrer dans son coin. Les organisations syndicales et les branches professionnelles devront très tôt être associées aux évolutions nécessaires aux côtés des employeurs et des pouvoirs publics. Il leur faudra dépasser les logiques productivistes et corporatistes dont la pertinence est remise en cause par les enjeux de la décarbonation.

Ni la contrainte ni les aides toutefois ne sont de nature à donner un véritable élan aux acteurs économiques. Il faut d'abord que le cap soit clairement pointé. **Tant que le gouvernement continuera à tergiverser, le message qu'il enverra aux entreprises et aux citoyens sera celui de l'attentisme.** On l'a vu avec les lignes aériennes intérieures mais surtout avec le peu de cas accordé aux recommandations de la convention citoyenne pour le climat qui a réuni 150 personnes tirées au sort, qui les a fait écouter, dialoguer, débattre et réfléchir durant neuf mois, qui a accouché d'un texte composé de 149 propositions systémiques mais dont à peine 10 % ont été retenues par le gouvernement. Loin de la promesse initiale de les soumettre « sans filtre » au vote. En fait, cette tergiversation semble porter sur quasiment tous les sujets environnementaux d'importance : les perturbateurs endocriniens, la distance d'épandage de pesticides, le maintien de l'agriculture bio, la taxe sur le kérosène, le plastique à usage unique… la liste serait si longue que ce chapitre n'y suffirait pas.

Pourtant, nous savons tous qu'en cas de situation de grand danger (et n'est-ce pas exactement ce que nous vivons actuellement ?), l'État peut agir. La crise sanitaire de 2020 ou la crise financière de 2008 nous l'ont rappelé. En outre, la France est une nation qui n'a jamais eu peur de se projeter sur le long terme. Dès la sortie de la Seconde Guerre mondiale, le commissariat général au plan, qui rend compte directement au chef du gouvernement, s'empare des grands sujets économiques. Pendant quarante ans, jusqu'en 2006, les plans quinquennaux se sont succédé. Il nous faut aujourd'hui retrouver cette capacité de projection. Car l'horizon de la planète est à l'opposé de la vision court-termiste qui s'est emparée de nos gouvernements. Les changements que nous devons amorcer doivent nous accompagner sur des décennies. Certains de leurs effets seront quasi immédiats, mais d'autres ne se feront pas sentir tout de suite compte tenu de l'inertie des systèmes (cf. infrastructures de mobilité, urbanisme, réseaux de fluides…). Il faut nous réhabituer à voir plus loin et plus grand.

L'action d'aujourd'hui diffère cependant de celle d'hier. Il ne s'agit plus de préserver les intérêts de chaque secteur ou de chaque partie séparément, il s'agit de coordonner des acteurs de nature et d'intérêts très divers afin de défendre un intérêt général qui a « la brutalité de l'universel [6] » selon le mot de Dominique Bourg. Le philosophe milite pour un « permis à consommer » qui réorienterait tout l'appareil de production vers un modèle plus vertueux en obligeant à privilégier des produits composés de matières recyclées, biosourcées, produites en agroécologie, ou fabriqués localement. Il encourage aussi à renforcer les processus démocratiques face à l'organisation représentative qu'il juge contre-productive car fondée sur une approche territoriale là où il faut une approche globale, car attachée à des considérations de court terme qui la rendent « aveugle au futur », car habituée à minimiser son impact sur la vie quotidienne des administrés là où les enjeux écologiques exigent des décisions de grande ampleur.

Une réforme institutionnelle doit donc accompagner notre transformation économique et industrielle. Mais il faut davantage pour emporter l'adhésion. Il faut des discours qui dessinent un monde enviable où tous les savoirs, savoir-faire et savoir-être d'aujourd'hui auront pleinement leur place. Ne plus considérer que l'homme est « comme maître et possesseur de la nature », pour reprendre l'expression de Descartes, mais un être vivant au sein du vivant. Ne pas peindre un avenir sombre fait de coercitions et de sacrifices mais montrer tout ce que nous aurons gagné.

Action Happy End #9

Augmenter le prix du carbone.

10

Instituer une nécessaire sobriété

STEE (CENTRE-VAL DE LOIRE)

Adrien est un inventeur comme on en fait peu. Cet Angevin a d'abord étudié l'ingénierie mécanique, avant de faire un doctorat en génie industriel. Passionné d'usines, de fabrication, il a aussi longtemps enseigné le violon, instrument qu'il affectionne pour son caractère harmonieux. L'harmonie avec la nature, comme au sein d'une entreprise, c'est ce qu'il a toujours voulu promouvoir. Adrien parcourt le monde pendant quelques années, en tant qu'employé d'un groupe industriel fabricant de condensateurs. Ces derniers permettent de produire peu d'énergie mais avec une grosse puissance. On les utilise par exemple dans les appareils photo, pour faire marcher les flashs. C'est l'inverse d'une batterie de voiture qui crée plus d'énergie, mais qui n'aime pas les pics de puissance. Et une batterie ça s'use, surtout quand elle est sollicitée par des recharges rapides. L'idée simple et géniale d'Adrien est d'utiliser des supercondensateurs (qui produisent encore plus d'énergie) pour la mobilité, en particulier pour le vélo ! Pour lui, ces supercondensateurs, inventés dans les années 1960, ont un rôle majeur à jouer dans la décarbonation de notre économie.

Il démissionne alors en 2015 de son groupe et rachète une PME à Orléans qui fait de la sous-traitance électronique. Une boîte qui a un savoir-faire spécifique dans la fabrication de cartes électroniques et du câblage, tout ce dont il va avoir besoin pour créer son vélo révolutionnaire. Le concept est simple : développer le premier vélo à assistance électrique qui n'aurait pas besoin de batterie ! Le Pi-Pop, c'est son nom, ressemble à un vélo de ville comme un autre. À la différence près qu'au niveau du porte-bagage arrière sont intégrés deux petits boîtiers contenant 18 supercondensateurs (de la forme de grosses piles alcalines). Si on ne le sait pas, on le remarque à peine. Grâce à eux, on est accompagné au démarrage, dans les montées, et chaque fois que le vélo sent qu'on a un coup de mou. Les supercondensateurs se rechargent quand on pédale, en descente ou lorsque l'on freine. En revenant à son point de départ, le vélo a autant de « batterie » qu'au départ ! Une énergie infinie, sans besoin de recharge. Et bien plus écologique, car il s'agit d'une technologie *low-tech* utilisant des matériaux courants, comme l'aluminium ou le carbone. Quand une batterie a besoin d'être changée tous les trois ans (si tant est que le fabricant produise encore le même modèle), le Pi-Pop est quant à lui réparable.

Les vélos d'Adrien connaissent un succès fou. Il en a d'abord vendu 20 en 2021 pour tester, puis 100 en 2022, 1 000 en 2023, et a pour objectif d'en produire

10 000 pour la prochaine génération. Ils sont vendus 2 400 euros, dans la moyenne du prix des vélos électriques. Adrien ne fait pas de marketing, pas de publicité, mais les gens viennent de l'Europe entière pour tenter de s'en procurer. On lui fait des ponts d'or aujourd'hui, que ce soient les industriels ou les investisseurs : tout le monde veut acquérir l'entreprise orléanaise. Mais lui ne veut pas céder aux sirènes du capitalisme mondialisé, il souhaite garder son projet à taille humaine. Adrien croit au *Made in France*, il veut que l'on relocalise notre industrie. Au-delà du fait qu'il utilise des matériaux de qualité et que l'assemblage est fait dans l'Hexagone, il essaie peu à peu de relocaliser aussi la fabrication d'un maximum de composants. Thuriféraire de la sobriété, il considère que le vrai défi de la décarbonation est la réduction de notre consommation d'énergie. Demain tout le monde ne pourra sans doute pas se déplacer comme aujourd'hui. Adrien prône un nouveau rapport au temps et aux technologies.

*
* *

En 2012, la Britannique Kate Raworth a formulé la théorie du donut [1], qui a depuis fait le tour du monde. Pour l'économiste, si nous avons des limites « plafond » définies par la science, nous avons aussi des limites « plancher » qui, elles, sont définies par la justice sociale. Des limites en termes d'accès à l'eau et à l'énergie, bien sûr, mais pas seulement : des limites aussi en matière d'éducation, de nourriture, de santé, d'équité sociale, d'égalité des sexes, d'accès à l'emploi… C'est donc entre ces limites hautes et ces limites basses que nous devons penser l'évolution de nos économies. Ce qui signifie que nous devons bannir les excès inconsidérés de nos modes de vie. Il ne s'agit pas pour autant, selon Kate Raworth, de prôner la décroissance car, à ses yeux, le PIB n'est pas un indicateur pertinent. Il s'agit plutôt d'adopter une approche plus régénérative et circulaire (l'image du donut étant là bienvenue) faite d'un moindre gaspillage et d'un meilleur recyclage.

En vérité, respecter ces limites réclame de nous de la sobriété. Le mot est à la mode et le gouvernement s'en est même emparé pour promouvoir un « plan de sobriété énergétique [2] ». Mais avant de regarder ce qu'implique la sobriété, arrêtons-nous sur ce qu'elle recouvre. Le terme « sobriété » vient du latin *sobrius* qui signifie « qui n'a pas bu, qui est à jeun ». Il côtoie volontiers le terme de « frugalité » qui, lui, porte non sur la boisson mais la nourriture. Est « frugal » celui qui « jouit de la récolte, qui se contente de son revenu ».

Il s'apparente aussi à la notion de « tempérance », cette retenue de soi-même, ce contrôle et cette maîtrise de soi qui nous permettent de résister aux excès. Les Grecs leur opposent l'hybris, la démesure, qui fait fi des limites pour laisser s'épancher l'orgueil, l'arrogance et la soif de pouvoir. L'idée de sobriété, si chère aux Antiques, est tout entière contenue dans l'expression *carpe diem* du poète latin Horace qui, loin de renvoyer à une jouissance de tous les sens, fait écho à un plaisir raisonné, tel que l'épicurisme le conçoit. Un rapport à la vie qui assimile le bonheur à la satisfaction des seuls désirs « naturels et nécessaires ».

Ne nous y trompons pas : la sobriété n'est pas un chemin de facilité. Il fallait bien des philosophies entières pour aider les Grecs et les Romains à s'y conformer. Car notre cerveau n'est pas naturellement câblé pour épouser la sobriété. Notamment parce que la zone cible du circuit de la récompense, le striatum, ne comporte pas de mécanisme de satiété, selon le neuroscientifique Sébastien Bohler[3]. **Si bien que nous cherchons toujours à en avoir ou en faire plus.** Il se peut que cette propension ait été d'une grande utilité pour nos ancêtres qui ne mangeaient pas tous les jours à leur faim. Lorsqu'ils trouvaient des aliments sucrés, ils s'en repaissaient abondamment, sachant qu'un tel festin ne se reproduirait peut-être pas de sitôt[4]. **Aujourd'hui en revanche, dans un monde de surconsommation, il nous faut réguler nos appétits.**

Quelles formes doit donc prendre la modération contemporaine ? On peut en distinguer plusieurs. La sobriété matérielle, d'abord, consiste à se passer purement et simplement d'un certain nombre d'objets qui ne nous sont pas vraiment nécessaires. Selon l'Insee, si la quasi-totalité des foyers français dispose d'un lave-linge, seuls deux sur trois possèdent un lave-vaisselle et un sur trois un sèche-linge. Mais par exemple, les personnes qui possèdent un grand congélateur ne peuvent-elles pas se contenter de l'espace congélation de leur réfrigérateur ?

La sobriété servicielle renvoie quant à elle à la durée ou l'intensité d'utilisation des équipements. Le Code de la consommation interdit la pratique de l'obsolescence programmée depuis 2016 mais la durée de vie de nos appareils est encore trop souvent contrainte par quelques pièces plus « sensibles » que les autres. De nombreuses villes commencent à éteindre leur éclairage public durant la nuit (celui-ci représentant en moyenne 30 % des dépenses d'électricité d'une collectivité [5], sans parler des méfaits de la pollution lumineuse nocturne) mais cette pratique gagnerait à être généralisée. Tout comme, dans un autre registre, la réduction de vitesse sur les autoroutes de 130 à 110 km/h.

Ensuite, la sobriété dimensionnelle fait référence à la taille des équipements. Si la taille des logements semble s'être stabilisée depuis une dizaine d'années [6], il n'en est pas de même pour celle des voitures. Selon l'ADEME [7], entre 1990 et 2020, le poids moyen d'une voiture vendue en France est passé de 950 kg à plus de 1 200. Mais elles ont aussi grossi en hauteur, en largeur et en longueur. Quant à leur puissance, elle a été multipliée par 3. Pour transporter trois fois plus de personnes ? Bien sûr que non, le nombre moyen de personnes par véhicule reste relativement stable au fil des années.

La sobriété organisationnelle, aussi appelée sobriété conviviale, inclut toutes les tentatives pour mutualiser les activités et les installations. Les expériences d'autopartage publiques (comme Autolib à Paris entre 2011 et 2018) ou privées rentrent dans cette catégorie. La mise à disposition pour la totalité des résidents d'une terrasse partagée au sommet de la tour Elithis de Strasbourg est un autre exemple d'espace commun qui permet de contenir la taille des logements, et qui permet en prime à tous de bénéficier de la vue depuis le dernier étage.

Enfin, la sobriété structurelle : elle consiste à agencer l'espace et les activités de telle sorte que la modération soit naturelle. L'organisation de l'espace au service de la voiture individuelle que nous avons connue depuis plusieurs décennies est à ce titre l'exact inverse de ce qu'il faut faire dans une société qui entend réduire le coût du transport.

La sobriété se combine avec « le réemploi, la réparation, la seconde vie des objets, la mutualisation de biens, la lutte contre le gaspillage alimentaire, le refus du tout jetable ou la limitation de la publicité [8] ». Elle ne peut reposer sur les seules épaules des individus : si vous avez la ferme intention de diminuer votre usage du plastique mais que la plupart des produits que vous achetez sont vendus emballés, votre motivation et vos objectifs risquent d'en prendre un coup. Les entreprises et l'État doivent donc aussi être mis à contribution (l'incitation au télétravail est par exemple un bon moyen de diminuer les trajets domicile-travail et donc la consommation d'essence).

Selon l'association négaWatt, la recherche de sobriété est également complémentaire de la recherche d'efficacité qui nous conduit à utiliser moins de ressources pour un résultat équivalent. On peut acheter des ampoules basse consommation *et* les allumer moins souvent ou moins longtemps. Dans le bâtiment, pas moins de 30 % des consommations d'énergie peuvent être économisées dans les secteurs résidentiel et tertiaire en deux ans en diminuant le gaspillage [9].

Malheureusement, de nombreux influenceurs ou stars véhiculent tout l'inverse. Thomas Wagner, l'animateur du site Bon Pote, invite ainsi les influenceurs de toutes sortes à ne pas mésestimer les conséquences de leurs actes sur l'imaginaire des personnes qui les suivent. Peu importent leurs errements passés, il n'est jamais trop tard pour changer et promouvoir un message de sobriété. Il y a d'ailleurs de grandes chances qu'il soit écouté car « cela fait cinquante ans que des personnes alertent et la bonne nouvelle, c'est qu'il est beaucoup plus facile d'agir aujourd'hui qu'en 1970 ou 2020, les preuves étant aujourd'hui plus évidentes que jamais [10] ».

Heureusement, des incitations à la modération sont encore dans les mémoires. Lors du second choc pétrolier de 1979, le gouvernement du président Valéry Giscard d'Estaing avait ainsi lancé une vaste campagne de communication en faveur de la « chasse au gaspi ». Il s'agissait notamment de réduire sa consommation d'essence en adaptant sa conduite : ne pas faire ronfler son moteur, avoir le pied plus léger, accélérer plus progressivement, ne pas monter dans les régimes et limiter sa vitesse à 110 km/heure sur autoroute [11].

Il suffit de peu pour que nous adoptions, tous ensemble, des comportements de plus en plus responsables. Richard Thaler, prix Nobel d'économie, raconte [12] une expérience menée auprès de foyers de Californie. Dans un premier temps, les ménages avaient été avertis de leur consommation d'énergie comparée à la moyenne de leurs voisins. Dans les semaines qui suivirent, les plus gros consommateurs réduisirent leurs dépenses. À l'inverse, les plus économes augmentèrent les leurs de façon significative (c'est ce qu'on appelle « l'effet boomerang »). Cela dit, tous n'agirent pas de la même façon. Parmi les gros consommateurs, certains reçurent également une émoticône triste, et ils réduisirent leur consommation beaucoup plus que les autres. Parmi les économes, certains reçurent une émoticône souriant, et ils n'augmentèrent pas leurs dépenses. L'effet boomerang disparaissait.

Cette technique, dénommée *nudge*, a de multiples applications. Il existe ainsi des moniteurs de douche que l'on branche directement sur le flexible et qui indiquent la consommation d'eau en temps réel durant sa toilette. Mais comme les données chiffrées sont loin de suffire à tout le monde, ils affichent aussi un ours polaire dont la banquise fond peu à peu jusqu'à disparaître si la douche n'a pas été arrêtée suffisamment tôt. Évidemment, les *nudges* sont à manier avec précaution, ils ne doivent pas devenir l'alpha et l'oméga d'une politique publique. S'ils peuvent toutefois diminuer l'impact des comportements négatifs et renforcer les comportements positifs, il serait dommage de s'en priver.

Plus que certains comportements ponctuels, c'est la question des modes de vie que la sobriété interpelle. Dans les Andes péruviennes, près du lac Titicaca, les paysans cultivaient des pommes de terre non par sur un vaste champ unique mais sur une moyenne de dix-sept petits champs. Ce qui les obligeait à de longs trajets d'un endroit à l'autre. Qu'est-ce qui pouvait bien expliquer une telle tradition ? C'est ce que l'anthropologue Carol Goland s'employa à découvrir. L'environnement, l'altitude, la pente, l'exposition des champs étaient si variés que leur impact différait d'une année sur l'autre et qu'ils rendaient imprévisibles les rendements. Les variations de pluviométrie, de température ou de maladies étaient également si différentes selon les endroits et selon les années qu'il n'était guère possible de compter sur le passé récent pour anticiper le futur proche.

Que se serait-il passé pour ces paysans si, après qu'ils eurent concentré leur attention et leur labeur sur un seul champ et une seule culture, un parasite était venu ravager leur terre et réduire à néant tous leurs efforts ? Ils n'auraient pas eu assez de stocks de nourriture et la faim aurait eu raison des plus faibles d'entre eux. L'ambition des agriculteurs andins n'était donc pas de vivre quelques années d'abondance insouciante suivies d'une période de disette fatale mais de vivre année après année en évitant absolument la famine. De fait, « au grand champ unique, frappé par les variations climatiques, le paysan péruvien préfère la multiplicité des champs dont les rendements varient indépendamment les uns des autres et permettent ainsi d'assurer subsistance, voire survie [13] ». Carol Goland confirma son intuition en calculant que plus les champs dispersés étaient nombreux, plus les rendements étaient bas mais moins les risques de disette étaient grands.

La sobriété ici s'accompagne d'une connaissance fine de l'environnement, fruit de l'expérience de plusieurs générations, et consolide une capacité de résilience essentielle à la survie de l'espèce. Dans un monde à +2 °C, les bouleversements en tous genres seront nombreux et fréquents. Notre capacité à les surmonter sera capitale et la sobriété pourrait bien être notre meilleur atout.

Action Happy End #10

Multiplier les dispositifs de *nudge*, afin d'inciter les individus et les organisations à modifier leurs comportements.

11

Anticiper les turbulences du marché du travail

MOULINOT (ÎLE-DE-FRANCE)

Stephan connaît bien la bonne bouffe. C'est dans ce domaine qu'il a toujours été destiné à travailler. Depuis trois générations, sa famille exerce le métier de restaurateur. Mais Stephan a un truc en plus qui le passionne, la protection de l'environnement. Lorsqu'il découvre que les déchets alimentaires des restaurateurs sont mélangés aux ordures ménagères sans la moindre valorisation, il se dit qu'il y a vraiment tout à repenser. Stephan se plonge alors dans l'univers du compostage. Après une formation de maître composteur (un professionnel de la prévention et de la gestion des biodéchets), il deviendra le premier restaurateur à utiliser des vers de terre pour valoriser ses déchets alimentaires. Cette pratique consiste à placer dans un récipient des vers de terre (lombrics) et les nourrir avec des déchets. Leurs déjections s'accumulant, elles forment un lombricompost, qui est ensuite utilisé comme engrais écologique.

Il passera plusieurs années à sensibiliser un maximum de gens aux atouts du lombricompostage.

Lorsqu'en 2012, la réglementation rattrape enfin ce en quoi Stephan croit depuis des années, il décide de créer Moulinot : la toute première entreprise à transformer les millions de tonnes de déchets alimentaires présentes dans les poubelles de France en ressource ! Avec une tonne de déchets alimentaires, il peut soit produire 100 m^3 de biogaz ou 900 kg de digestat azoté (un fertilisant) grâce à la méthanisation, soit faire 400 kg de compost de haute qualité par le biais du compostage. Alors que la majorité de ces déchets finissaient enfouis ou incinérés, Moulinot les transforme en énergie ou en engrais. Leur site aux portes de Paris peut accueillir jusqu'à 40 000 tonnes de matières entrantes par an, soit potentiellement 4 millions de m^3 de biogaz, 36 millions de digestat azoté et plus de 16 millions de kg de compost produits !

Et la boîte de Stephan ne s'arrête pas à l'aspect écologique et énergétique. Moulinot est aussi une entreprise d'insertion et un organisme de formation. Toute l'équipe a développé des parcours sur mesure pour intégrer des personnes éloignées de l'emploi, y compris celles qui sont en situation d'exclusion. Permettre à tout un chacun de contribuer à ce que les vers de terre prennent d'assaut les déchets alimentaires sur toute la chaîne de valeur : la restauration collective, les chaînes de restauration rapide, la restauration traditionnelle, l'hôtellerie, les cantines scolaires, les marchés alimentaires, les collectivités, l'évènementiel… le potentiel de croissance est colossal ! Surtout quand on sait qu'en

France, les déchets alimentaires représentent plus de 10 millions de tonnes. Si tout était valorisé par Moulinot, cela signifierait une économie de 16 milliards d'euros pour la collectivité (soit 240 euros par an pour chaque Français) et 15,3 millions de tonnes de CO_2 évités. De quoi changer notre rapport aux déchets !

*
* *

« La conduite de la politique écologique est comme un tiroir à multiples fonds : chaque fois que vous pensez avoir dépassé une résistance, une autre lui succède [1] », témoigne Léo Cohen. Et la première de toutes, celle qui arrive en général avant que les autres n'aient besoin de se manifester, c'est l'emploi. L'exemple du secteur automobile est éloquent. Pour atteindre la neutralité carbone en 2050, réduire à la portion congrue les émissions de GES des véhicules routiers (aujourd'hui responsables de 20 % des émissions sur le territoire) est une nécessité qu'aucun acteur sérieux ne remet en cause. Cela passe non seulement par la mise au rebut de tous les véhicules thermiques mais aussi la réduction du nombre de véhicules en circulation et le développement d'autres modes et moyens de transport. Sauf que le secteur automobile est un fleuron de notre industrie. Sauf qu'il rassemble, si on cumule les emplois de l'industrie à ceux liés aux usages des véhicules, pas moins de 875 000 actifs. Sauf qu'il irrigue des bassins d'emploi entiers au cœur desquels cette industrie est une tradition que personne ne voudrait voir disparaître.

Quel homme politique ne frémirait pas à l'idée d'annoncer à tous ces employeurs, tous ces travailleurs, toutes ces familles que leur secteur va devoir se passer de 300 000 équivalents temps plein à l'horizon 2050 [2] ? Quel syndicat ne se battrait pas bec et ongles pour maintenir le plus longtemps possible en poste des gens qui, pour la plupart, vivent depuis longtemps déjà avec l'épée de la délocalisation au-dessus de leur tête ? Quel élu ne taperait pas du poing sur la table pour conserver ce maillage économique qui fait survivre son territoire ? Une des grandes raisons pour lesquelles nous n'arrivons aujourd'hui pas à mettre en place un plan ambitieux de décarbonation est le chantage à l'emploi. Une entreprise qui menace de se délocaliser et c'est tout un territoire qui tremble.

La transformation de l'économie française vers un horizon décarboné ne doit ressembler en rien à un calcul de technocrates isolés au bout du couloir d'un immeuble parisien. Ce sont des milliers voire des millions de gens avec leurs histoires, leurs expériences, leurs compétences et leurs attentes qui vont vivre dans leur quotidien, dans leur chair, des changements aussi essentiels qu'inévitables. Qui ne se feront pas sans le déploiement préalable d'un écosystème complet (formation, orientation, emploi) susceptible de leur offrir de nouvelles opportunités.

Et elles seront nombreuses, ne serait-ce que dans l'économie verte : responsables d'installation solaire et installateurs de panneaux photovoltaïques, chefs de projet éolien, experts en gestion de l'eau, spécialistes de la prévention des catastrophes, pour n'en lister que quelques-uns [3]. Mais les nouveaux métiers ne vont pas émerger uniquement dans les domaines directement liés à la décarbonation. Tous les secteurs qui vont devoir, dans le même mouvement, accroître leur sobriété et leur efficacité afin de minorer leur consommation énergétique et réduire leurs émissions de GES vont rechercher des profils bien spécifiques. Ainsi, avec le déploiement du numérique, un opérateur comme Enedis reçoit toutes les dix minutes 38 millions de données, si bien que son gestionnaire réseau traditionnel devient un gestionnaire *data* [4]. Pour rester dans le domaine de l'énergie, le développement de la filière hydrogène implique des besoins sur pas moins de 84 métiers, du chaudronnier à l'ingénieur procédés thermiques, sur tout le territoire [5]. À ces situations s'ajoutent aussi les métiers que l'on appelle « verdissants », c'est-à-dire qui intègrent une composante verte dans leur périmètre. Ils compteraient pour 14 % des actifs [6], soit près de 4 millions de personnes.

Les nouveaux métiers ne sont pas les seuls à offrir des opportunités d'emploi. Des métiers plus traditionnels vont redevenir d'actualité. Rien que dans le secteur des transports, le ferroviaire, le fluvial et le cycle vont devoir augmenter leurs effectifs afin de répondre à l'évolution des infrastructures et des modes de déplacement (passagers et fret). Au total, 135 000 emplois devraient voir le jour d'ici 2050 dans ces filières [7]. La rénovation énergétique et l'agriculture vont, elles aussi, devoir faire appel à une main-d'œuvre plus nombreuse et mieux formée. Augmenter le nombre de places en formation initiale et en formation continue ne suffira pas à attirer les volontaires. Proposer des aides sous conditions non plus. Valoriser les filières s'avérera tout aussi nécessaire. Faciliter les démarches, par exemple dans le cadre de l'installation de nouveaux agriculteurs, sera un préalable. Inciter les branches et les fédérations à réorienter leurs métiers et leurs certifications en direction des objectifs de décarbonation sera une priorité. Impliquer l'écosystème de l'emploi (service public de l'emploi, collectivités, Régions, etc.) sera un gage de réussite. La fonction publique enfin ne pourra pas s'exonérer de ces réflexions. Faut-il rappeler que les effectifs du ministère de l'Écologie subissent une hémorragie continue depuis dix ans [8] ? Les syndicats du ministère évaluent à environ 20 000 le nombre de postes supplémentaires nécessaires au cours des prochaines années afin de répondre avec une qualité de service adéquate aux enjeux du moment.

Les salariés des secteurs les plus touchés par la décarbonation sont heureusement conscients de ce qui se joue en ce moment. Ainsi, 79 % des salariés du secteur pétrolier et gazier se disent prêts à se reconvertir hors de leur secteur actuel [9]. Faut-il cependant se contenter de la bonne volonté des individus ? N'y aurait-il pas des mesures plus systémiques à adopter pour soutenir l'emploi durant cette phase de transformation vers la neutralité carbone ? L'emploi est notre première richesse ; malheureusement, il est aussi mal distribué que les revenus. De nombreuses personnes ne travaillent qu'à temps partiel (18 % des actifs en France mais 32 % des employés en 2021 selon la Dares [10]) et beaucoup ne travaillent pas du tout (7,2 % de la population au chômage en 2022 selon l'Insee [11]). Sans parler des conditions de travail qui se dégradent et des situations de *burn-out* qui se multiplient (ce risque toucherait 12 % de la population active [12]).

Ce qui est fondamental est d'anticiper les transitions, qui seront bien évidemment importantes dans certains bassins d'emploi, pour certains métiers, mais tout cela se prépare. On pourrait très bien imaginer développer le « revenu de transition écologique », qui permet aux personnes dont l'emploi a été détruit d'exercer des activités liées à la transition écologique et sociale en contrepartie d'un revenu, et en complément des prestations sociales. Un maçon par exemple qui n'a plus de travail pourrait utiliser ce moment où il touche son revenu pour se former, pendant un an, aux techniques plus durables de son métier. Un ingénieur licencié, ayant envie de se convertir pour monter une entreprise de vélo cargo, aurait ce complément de financement pour lancer son projet…

Bref, la période dans laquelle nous entrons doit également être l'occasion de revoir la façon dont nous appréhendons le travail et nos métiers. Trop souvent éphémère (les contrats d'intérim à la journée n'ont jamais été aussi nombreux), trop souvent précarisé (les travailleurs des plateformes sont les esclaves modernes) et trop mal rémunéré (ses revenus n'ont cessé de fondre face aux revenus du capital), le travail doit être un des piliers d'une économie qui prend le tournant de la décarbonation.

Action Happy End #11

Mettre en place un revenu de transition écologique.

12

Payer moins cher ce qui est bon pour la planète

VELA TRANSPORTS (NOUVELLE-AQUITAINE)

François est une star de la navigation, ses exploits sur les plus belles courses du monde sont connus du grand public. Ce qu'on sait moins, c'est qu'il est aussi un entrepreneur hors pair, à la tête d'une société de plus de 70 salariés, dans le domaine de la course à la voile principalement. Alors quand il rencontre quatre autres amoureux de la mer issus du monde de l'entreprise, c'est tout le secteur du fret maritime qu'ils veulent révolutionner ! Ils fondent ainsi ensemble Vela Transports. Le Covid a mis un gros coup de projecteur sur le transport maritime, où les quelques acteurs du secteur en ont profité pour gagner énormément d'argent. Un secteur qui pourtant devrait revenir à une échelle plus humaine et où la décarbonation est absolument nécessaire. L'idée de nos comparses est de construire de grands bateaux à voile pour transporter des marchandises à travers le monde. Ceux-ci seront écoconçus, au moins la moitié des matériaux devant être issus du recyclage. Une coque en aluminium est ainsi privilégiée, quand l'électricité à bord sera produite par des énergies renouvelables.

Le transport de marchandises est un univers bien particulier, peu connu, qui pourtant a une importance stratégique folle. Tout ce que nous avons délocalisé en Asie, notamment des secteurs essentiels comme les médicaments, ou tout ce que nous exportons à travers le monde : tout passe par le transport maritime, qui couvre 90 % du commerce mondial. Vela a décidé de se positionner sur le marché transatlantique, principalement sur la route vers l'Amérique du Nord. Leurs voiliers pourront bientôt transporter 450 palettes de marchandises (soit 40 containers), ce qui est trois fois plus important qu'un avion, mais aussi deux cents fois moins qu'un cargo. Naviguant à plus de 12 nœuds, il leur faut entre 10 et 15 jours pour amener leurs marchandises aux États-Unis, là où l'avion met entre 4 et 7 jours (avec toute la logistique amont-aval) et un cargo traditionnel entre 15 et 40 jours ! Plus rapides donc, avec 88 % d'émission de CO_2 en moins, ces alternatives ont tout pour être attractives. Autre avantage non négligeable : ces embarcations peuvent avoir accès aux ports secondaires, ce qui n'est aujourd'hui pas le cas des grands cargos. Ainsi les produits ont-ils moins de distance à parcourir pour être acheminés sur terre, et cela redonne une dynamique économique à des villes comme Bayonne, Honfleur, Long Island…

Prenons l'exemple du cognac, produit en France dans les environs de la ville éponyme. Toute la production part en camion jusqu'à Rotterdam, avant d'embarquer sur un cargo direction New York. Les Américains sont en effet les principaux consommateurs de ce breuvage. Avec Vela Transports, aller de Cognac à La Rochelle est beaucoup plus rapide, et les productions peuvent être livrées plus rapidement, et sur l'ensemble de la côte est américaine ! Le service reste plus cher que celui du cargo traditionnel, du fait surtout d'un prix du fuel bas. Mais avec une taxe carbone au juste prix, le transport à la voile redeviendrait véritablement compétitif, en plus d'être écologiquement vertueux. La relocalisation de notre économie est une des solutions pour faire baisser la trajectoire carbone du secteur des transports, et c'est plutôt le sens de l'histoire. À cela s'ajoute clairement la nécessité de créer les incitations pour promouvoir des alternatives au gigantisme du fret maritime. De nombreuses initiatives comme celle de François et de ses acolytes existent, et plusieurs routes pourraient être ouvertes, notamment dans le cabotage méditerranéen. Il est plus que temps de faire de vrais choix politiques.

*
* *

Si les Français sont favorables aux actions pro-décarbonation, quelle forme doivent-elles prendre ? Dit autrement, la taxe carbone a-t-elle juste été mal affectée et mal présentée ? En contrepartie de l'augmentation du prix des énergies fossiles, des économistes [1] ont proposé de verser à chaque ménage une même somme (110 euros par adulte et par an). Son impact serait donc bien supérieur pour les faibles revenus que pour les riches. Qu'en pensent les Français ? Seuls 10 % adhèrent à la proposition (alors même qu'avant la crise des Gilets jaunes, 48 % approuvaient l'hypothèse d'une taxe carbone). Pire, 70 % désapprouvent totalement l'idée. Pourquoi ? Parce que 65 % d'entre eux pensent qu'ils sortiraient perdants d'un tel système (alors que les calculs des économistes montrent que seuls 30 %, les plus gros consommateurs, seraient vraiment perdants). En fait, 89 % des gens anticipent des pertes nettes plus élevées que la réalité.

De cette étude, les chercheurs concluent que « malgré une large désapprobation de la taxe carbone, les Français restent concernés par l'environnement, et soutiennent d'autres mesures écologiques, qui leur semblent plus efficaces et plus justes ». L'enseignement est clair : il ne suffit pas qu'une mesure soit juste (comme la contrepartie de 110 euros), encore faut-il qu'elle soit perçue comme telle par la population (ce qui n'est pas le cas de la taxe carbone vue, quelle que soit sa forme, comme une façon détournée d'augmenter les impôts de tous).

Toute action visant à réduire la pression carbone de notre économie doit donc prendre soin, si elle veut emporter l'adhésion du plus grand nombre, de se présenter sous un jour positif, à savoir toucher tout le monde mais selon une progressivité bien nette qui épargne les plus modestes, tout en étant accompagnée de suffisamment de moyens pour paraître sérieuse et s'inscrire dans une vision d'ampleur.

« Mettre une valeur sur le carbone est aujourd'hui indispensable pour rationaliser nos décisions de

transition énergétique[2] », rappelle Christian Gollier, professeur au Collège de France. Tous les économistes s'accordent sur cette nécessité. En revanche, les avis divergent sur le montant du prix de cette valeur et la forme qu'elle doit prendre. Car ce prix aura, directement ou indirectement, un effet sur le pouvoir d'achat des ménages, qui caracole aujourd'hui en tête de leurs préoccupations. Travaillant à Toulouse, Christian Gollier donne l'exemple de deux variétés de tomates sur le marché des Carmes : les unes produites par l'agriculture biologique en France à 2,30 euros le kg, les autres par l'agriculture intensive en Espagne à 1,75 euro. Si notre seul critère est économique, nous achèterons les secondes. Si notre premier critère est environnemental, nous choisirons les premières. Vraiment ? Et si les tomates bio ont poussé dans une serre chauffée au gaz naturel ? Et si le camion qui a apporté les tomates d'Andalousie roulait au biogaz ? On le voit, l'exemple peut être raffiné et le cas complexifié à l'extrême.

Afin de rendre possible l'évaluation de ces déterminants, les États ont décidé de fixer un prix au carbone. Il prend trois formes : les quotas d'émission, la compensation carbone et la taxe carbone. En 2005, l'Union européenne instaure un « marché du carbone » où les entreprises peuvent s'échanger leurs quotas (ou droit d'émettre une tonne de CO_2). L'ambition était de taille[3] : ce marché concerne plus de 11 000 installations industrielles européennes qui totalisent environ 50 % des émissions européennes de CO_2. Chaque année, les États européens déterminent le nombre de quotas auxquels ont droit les entreprises. Si une entreprise émet moins que prévu, elle peut vendre son trop-plein. Si une entreprise émet plus que prévu, elle doit acheter des quotas afin de compenser financièrement son impact. En l'état, ce mécanisme n'a pas tenu ses promesses. Outre que la tonne de carbone a très peu augmenté dans les premières années (elle ne coûtait encore que 7 euros début 2018), le prix est resté soumis aux aléas du marché et a fait la part belle à la spéculation au détriment de la planification. De fait, le Parlement européen a voté en 2022 la suppression progressive des quotas gratuits à certains secteurs industriels.

La compensation carbone repose quant à elle sur l'idée que l'on peut compenser ses émissions en finançant des projets qui, eux, participeraient à la réduction globale desdites émissions. Ce principe satisferait un élève de cours élémentaire : un plus d'un côté, un moins de l'autre et le tour est joué. Si bien que les grands groupes ont sauté sur l'occasion : Disney, United Airlines, Air France, Samsung, Ben & Jerry's, Netflix, Chevron… tous se sont mis à « compenser » à grande échelle.

Il se trouve néanmoins que notre écosystème planétaire est un rien plus complexe qu'un calcul d'école élémentaire. Après avoir analysé courant 2022 une trentaine de projets certifiés par Verra, le principal organisme de standardisation, une enquête de plusieurs médias a ainsi établi que seuls 6 % des crédits avaient un effet réel sur la décarbonation [4]. On atteint ici des sommets dans l'art du *greenwashing*. À titre d'exemple, environ 30 % des crédits concernent des opérations d'évitement de déforestation. Un peu comme si un tortionnaire clamait son innocence devant la cour pénale parce qu'il s'était retenu de couper un bras à sa victime.

Comme le souligne Alain Grandjean, auteur d'un rapport sur le sujet, « un prix explicite du carbone rendrait non seulement les investissements carbonés moins rentables, mais aussi et peut-être surtout rendrait les investissements dans la transition rentables[5] ». Instaurée en 2014 sous le nom de contribution climat-énergie, majoritairement payée par les ménages, la taxe carbone s'applique aujourd'hui sur les taxes intérieures de consommation des énergies fossiles : les produits pétroliers, le charbon et le gaz naturel. Son principe est celui du pollueur-payeur : il repose sur l'idée que le prix d'un bien payé par un individu doit inclure le coût ou les dommages que ce bien entraîne pour la société dans son ensemble.

Son prix a été fixé à l'époque à 7 euros/tCO_2. L'État prévoyait de l'augmenter régulièrement jusqu'à atteindre 100 euros en 2030. Fin 2018, la crise des Gilets jaunes a mis fin à cette progression et bloqué le prix à 44,6 euros. La taxe a donc cessé de jouer son rôle en grande partie à cause de son impact : indolore pour les ménages les plus aisés, elle touche de plein fouet le budget des plus précaires. Les économistes la qualifient de « régressive ». Il est temps de la repenser, tout en protégeant les plus faibles revenus.

En parallèle, il faudrait réfléchir à la mise en place d'un ISF carbone : un impôt forfaitaire qui soit au-dessus du dernier décile par exemple, ou proportionnellement à son empreinte carbone, notamment au regard de l'impact climatique de ses placements et autres livrets d'épargne.

Trois initiatives amélioreraient surtout l'acceptation du prix du carbone : une redistribution vers les plus vulnérables (en fonction de leurs revenus et de leur localisation, par exemple), une assiette élargie (pourquoi ne porte-t-elle pas sur le kérosène ?) et une meilleure information sur son efficacité.

Le prix du carbone doit avoir une trajectoire à la hausse pour les années à venir, clairement annoncée, afin que tous les entrepreneurs puissent anticiper leurs surcoûts. C'est la même chose que pour un particulier. Si au moment de changer votre système de chauffage, alors que vous projetez d'acheter une chaudière au fioul, le vendeur vous annonce que les taxes se porteront à 500 euros la première année, puis 1 000 la deuxième, puis 3 000 la troisième, vous y réfléchirez à deux fois. C'est cette visibilité qui fait aujourd'hui défaut.

Quel que soit le mécanisme pour lequel on milite, une chose est certaine : il doit être explicite, croissant et prévisible. Plus le prix du carbone sera explicite et mieux il sera accepté par tous. Plus il sera élevé et plus il incitera à limiter les émissions, à opter pour des solutions alternatives et à développer la R&D verte. Plus sa trajectoire sera prévisible et plus il permettra aux entreprises de se projeter sur le long terme en connaissance de cause. Il nous faut absolument être ambitieux en la matière, avec un système efficace et redistributif !

Évidemment, compte tenu des disparités entre pays et entre régions, un prix unique mondial semble difficile à envisager, alors même qu'il contrecarrerait la « fuite » carbone d'entreprises choisissant d'investir là où le prix serait plus faible. Cela dit, **l'option d'un « corridor de prix » composé d'un prix plancher et d'un prix plafond, comme le serpent monétaire européen jadis,**

pourrait répondre à plusieurs de ces exigences. Il éviterait notamment des effets spéculatifs déconnectés des réalités et offrirait la visibilité que les entreprises et les investisseurs attendent.

Afin de sécuriser les échanges, une banque centrale du carbone pourrait être mise sur pied. Son mandat viserait à « s'assurer que le marché délivre un prix du carbone qui reflète l'évolution des conditions de marché de court terme et envoie simultanément le bon signal pour les investissements de long terme[6] » en conservant comme point focal la neutralité carbone à l'horizon 2050. Si ces réflexions infusent jusqu'au niveau de la Commission européenne, il n'en est pas de même sur les autres continents. De nombreux pays n'ont pas encore adopté de tarification du carbone et d'autres comme les États-Unis ou la Chine, qui ont développé leur propre marché, n'y ont inclus que très peu d'entreprises réellement émettrices de GES. **Toutefois, le mécanisme d'ajustement carbone aux frontières (MACF) que l'Union européenne a mis en place, encore imparfait et qui devra très vite être élargi à de nombreux produits importés, pourrait modifier les relations commerciales entre les grandes puissances économiques.**

Action Happy End #12

Créer un ISF carbone.

13

Refondre la fiscalité

LOW-TECH LAB (BRETAGNE)

Corentin a grandi dans un petit village de Bretagne, avant de faire ses études d'ingénieur à Nantes. Son diplôme en poche, ce passionné de voile décide très rapidement de partir à l'aventure. Il réalise une mission de volontariat sur un chantier naval au Bangladesh. Pendant son séjour, il lui vient l'idée de remplacer la fibre de verre, très énergivore et polluante, par une fibre naturelle présente en grande quantité sur place, celle de jute. Pour démontrer la pertinence de sa trouvaille, il entreprend de construire lui-même un voilier utilisant à 40 % de la fibre de jute. Baroudeur, Corentin souhaite rejoindre la France depuis le Bangladesh à bord de son embarcation, et ce de la manière la plus autonome possible. Ce voyage lui prendra 186 jours et plus de 9 000 miles, une véritable aventure des temps modernes. À travers de nombreuses rencontres, Corentin s'est forgé la conviction que la *low-tech* aura une place importante dans le monde de demain. À son retour, il lance ainsi le Low-tech Lab en 2014, une association de documentation collaborative rassemblant les méthodes permettant de vivre mieux avec moins.

La *low-tech*, littéralement la basse technologie, est composée de toutes les technologies simples, accessibles et peu onéreuses. Elle fait appel à des moyens courants, localement disponibles et facilement réparables. Plus généralement, la *low-tech* englobe les techniques, les objets, les systèmes, les savoir-faire, les pratiques, les modes de vie qui envisagent l'activité humaine et la technologie selon trois grands principes : l'utilité, l'accessibilité et la durabilité. Elle remet en cause notre mode de fonctionnement consumériste, et la fuite en avant des technologies de pointe. La *low-tech* va à l'encontre de l'obsolescence programmée, de l'exploitation démesurée des matériaux rares, de la surconsommation d'énergie et de la génération excessive de déchets. L'organisation de Corentin a pour mission de diffuser et transmettre les exemples et témoignages récoltés à travers le monde pour que tout un chacun puisse s'en inspirer. Y compris en étudiant précisément les aspects les plus techniques, le tout bien sûr en *open source* et gratuitement. Depuis 2022, l'association s'est dotée de son propre festival, lui aussi utilisant les technologies les plus frugales. L'idée est de rassembler tous les acteurs du secteur, et de démocratiser toutes ces technologies sobres, afin d'encourager un réel changement de comportement et démontrer que ces innovations sont à la portée de tous.

Pour un nombre croissant de personnes à travers le monde, les nouvelles technologies de type *high-tech* polluent et nous aliènent, et il serait grand temps de s'en affranchir. Les *low-tech* en revanche sont perçues comme une vraie solution face aux problématiques liées au réchauffement de la planète et à la destruction des écosystèmes. La frugalité sera clairement une des composantes d'un monde décarboné. Les innovations alliant résilience collective et durabilité forte sont très prometteuses dans notre quête de réduction des émissions de CO_2. Tout l'enjeu est de généraliser leur usage, tout en gardant une chaîne d'approvisionnement et de production locale. Ces inventions nécessitent par ailleurs un changement de comportement où la coopération, la cohésion et le lien social reprendraient une place centrale dans nos sociétés. Et c'est sans doute le chantier le plus ambitieux…

*
* *

Depuis le tournant néolibéral orchestré sur la scène internationale par Ronald Reagan et Margaret Thatcher au début des années 1980, les médias et les personnalités politiques de tous bords ou presque véhiculent le même message : il ne faut pas augmenter les impôts. Deux générations d'électeurs n'ont entendu que cette antienne. Ils en ont oublié que, dans le pays de l'oncle Sam et de la liberté d'entreprendre, le niveau supérieur de l'impôt sur le revenu atteignait encore 80 % avant ce virage libéral. En fait, comme le signale Thomas

Piketty [1], ce niveau d'imposition a été considéré comme normal par les Américains de 1932 à 1980 et il a même été rehaussé à 91 % durant la guerre et jusque dans les années 1960, ce demi-siècle d'imposition forte coïncidant avec un essor économique sans précédent du pays.

Malgré les discours médiatiques et politiques, les faits sont têtus : l'impôt ne freine pas le développement et participe de la redistribution des richesses. À condition qu'il soit juste. Or, sa progressivité est aujourd'hui remise en cause dans la mesure où les foyers les plus riches en arrivent, à coups d'exonérations voire d'exil, à bénéficier d'un taux d'imposition global inférieur à celui des classes les moins aisées [2] : les 50 % des Français les plus modestes gagnent entre 1 000 euros et 2 200 euros de revenu brut par mois et enregistrent des taux effectifs d'imposition allant de 41 % à 48 %. À l'opposé du spectre, les 0,1 % des Français les plus aisés (50 000 personnes) enregistrent des taux d'à peine 35 %. On aboutit à ce paradoxe : les ménages les plus riches participent moins au financement de la vie publique et polluent plus que les autres.

Il y a donc quelque chose de pourri au royaume de la fiscalité, aurait dit un Hamlet moderne. D'autant que ces inégalités criantes reposent en partie sur une fiscalité que l'OCDE elle-même qualifie de « noire », c'est-à-dire qui subventionne la consommation et la production d'énergies fossiles et non renouvelables. Pour mémoire, les financements publics des projets liés aux énergies fossiles à l'étranger auraient augmenté de 87 % de 2017 à 2019. Dès mars 2019, un texte de loi proposait de mettre fin au financement de l'industrie fossile via l'épargne des Français (livret A et LDDS). Après de longs atermoiements, l'État a fini par céder en y mettant fin à compter du 1er janvier 2023 [3].

Selon le rapport du Réseau Action Climat, les subventions de ce type comptent encore pour 67 milliards en 2022 [4]. Ce dont on aurait besoin pour réussir la décarbonation de l'économie ! Parmi les dépenses fiscales nocives pour l'environnement, les plus importantes se montent tout de même à près de 12,5 milliards d'euros : l'exonération de taxation du kérosène (3,6 milliards), la différence de taxation diesel-essence (3,5 milliards), l'exclusion des départements d'outre-mer du champ d'application de la taxe intérieure de consommation applicable aux carburants (1,7 milliard), le tarif réduit pour le gazole non routier du secteur agricole (1,2 milliard), le remboursement du gazole utilisé par les poids lourds (1,3 milliard) ou encore les exonérations et taux réduits sur l'électricité.

On a donc d'un côté une fiscalité du revenu très régressive et déconnectée de l'impact carbone des ménages et, de l'autre, des subventions en direction d'activités économiques très polluantes. Toute entreprise de révision du système fiscal et, pour commencer, de l'impôt sur le revenu, afin de le rendre plus progressif, serait un premier pas dans la bonne direction.

Supprimer les niches fiscales qui le vident de sens et élargir son assiette à celle de la contribution sociale généralisée (CSG), qui aujourd'hui rapporte beaucoup plus, contribueraient à cette intention. **Revoir le mécanisme des tranches** pour que l'impôt touche aussi bien les petits salaires que les hauts revenus en fonction de leurs moyens (symboliquement à hauteur de quelques euros par mois pour les uns, et à des niveaux proches de ce que nous connaissions jadis pour les autres) réinjecterait de la justice : si les plus aisés « profitent » le plus du système, c'est normal que ce soient eux qui contribuent le plus à son entretien. **Pour le dire crûment, toute politique qui vise à diminuer les revenus des plus riches aura *de facto* un impact positif sur le climat.**

Cette dernière idée nous renvoie au principe du pollueur-payeur que la TVA verte propose d'aborder par un versant positif. **Non pas augmenter la TVA sur les produits les plus carbonés mais la baisser sur ceux qui répondent aux enjeux environnementaux** : décarbonation, préservation des ressources, diminution de la pollution plastique, sauvegarde de la biodiversité[5]... À une échelle plus réduite, le principe du chèque vert milite dans le même sens.

Ce qui vaut pour les particuliers vaudrait aussi pour les entreprises : plutôt que de la supprimer comme le prévoit le projet de loi de finances 2023, la cotisation sur la valeur ajoutée des entreprises (CVAE), impôt local dû par les entreprises à partir d'un certain chiffre d'affaires, devrait inclure une dimension verte et diminuer en proportion de l'engagement des entreprises. Tout comme le taux d'imposition des sociétés (25 % en France) : il est logique que les entreprises qui polluent davantage reversent aussi davantage à la collectivité en guise de compensation, et inversement. Un système d'impôt sur les sociétés dégressif selon leur impact social et environnemental est indispensable.

Au fond, plus il y aura de marqueurs verts, plus les contribuables et les acteurs économiques comprendront qu'ils doivent intégrer cette dimension dans la totalité de leurs dépenses et de leurs investissements. La France en est loin : selon l'institut Rousseau, notre pays ne figure même pas dans les dix premières nations européennes pour la proportion des recettes fiscales environnementales dans le PIB.

Bouleverser le *statu quo* ne se fera pas sans heurts : on imagine les conséquences de la suppression des subventions sur des agriculteurs déjà peu épargnés par les conditions climatiques, et dont les revenus font rarement partie du dernier décile. Indemniser certains secteurs à hauteur de leurs pertes apporterait un signal de justice fiscale fort. À condition bien sûr que ces indemnisations aillent dans les poches des travailleurs plutôt que des actionnaires.

L'objectif premier de la fiscalité verte n'est pas d'augmenter les recettes de l'État mais de convertir les contribuables et les entreprises à l'adoption des technologies non carbonées et de modes de vie plus sobres. Cette conversion s'obtiendra plus facilement via des incitations que des contraintes. Les mesures coercitives, dites d'écologie « punitive », sont souvent globalement moins efficaces.

Les mécanismes incitatifs, même coûteux, ont des effets souvent très bénéfiques. Si en 2010 vous aviez installé des panneaux solaires, EDF vous rachetait votre kilowattheure à un tarif fixe durant vingt ans : 60 centimes l'unité. Soit dix fois le prix du marché (le prix de rachat se situe à 20 centimes aujourd'hui). Résultat ? La production est passée de moins d'un à près de 14 térawattheures entre 2010 et 2021 [6].

La fiscalité verte doit être irréprochable. Si elle pénalise les plus émetteurs, elle doit protéger les plus fragiles. Si elle incite les plus riches à adopter un mode de vie moins nocif pour la planète, elle doit proposer des options pérennes à ceux qui n'ont pas leurs décisions entre leurs mains. Au fond, elle doit être l'occasion de redonner du sens à de nombreux prélèvements et faire en sorte que les Français retrouvent à nouveau la foi en leur système redistributif.

Action Happy End #13

Baisser la TVA et l'impôt sur les sociétés pour les biens et les entreprises à impact environnemental positif.

14

Rééquilibrer les territoires

COZZANO (CORSE)

Niché au cœur des montagnes corses, le village de Cozzano surplombe la magnifique vallée du Taravu. C'est là que Jean-Jacques a grandi, et où il est élu maire depuis 1986. Ses 280 habitants lui vouent une absolue confiance, lui qui possède une véritable vision pour son territoire. Très tôt sensibilisé aux questions environnementales, il a souhaité que son village soit moins dépendant de l'importation de fuel ou de gaz, qui sont aujourd'hui les principales sources de production d'électricité sur l'île de Beauté. Dès 2008, Jean-Jacques a porté la vision d'un territoire qui serait positif en énergie, en exploitant les richesses naturelles de ses montagnes. En finir avec la dépendance aux énergies fossiles, pour une plus grande autonomie, c'est la démarche qu'il a voulu adopter, et ainsi sortir des sentiers battus. Le village de Cozzano, pourtant si petit et si isolé, est devenu en quelques années un véritable exemple à suivre en France et dans le monde.

S'appuyant sur l'eau de la montagne et de sa rivière le Mezzanu, Jean-Jacques a fait construire deux installations de production hydroélectrique. À travers un système de turbines, l'eau est récupérée pour produire de l'énergie avant de repartir dans la rivière. Parallèlement, il a développé un réseau de chaleur utilisant les copeaux de bois issus des vastes forêts alentour. Quant aux différents bâtiments publics (la mairie, l'école, la poste ou encore la salle des fêtes), ils ont tous été recouverts de panneaux photovoltaïques. En tout, ce sont 2,2 millions de kWh d'électricité produits chaque année, plus du double de la consommation totale de Cozzano. Cela correspond à 1 400 tonnes de CO_2 évitées, et 500 tonnes de pétrole importées, soit 1 bateau pour la Corse tous les deux ans. Le surplus de la production est revendu dans la région, pour une recette annuelle de 240 000 euros. La preuve qu'à l'échelle d'un village, on peut être très largement positif en énergie. Jean-Jacques a passé beaucoup de temps pour réussir son projet ; entre les études d'impact et les autorisations, rien ne lui aura été épargné, mais il a tenu bon !

Dans cette lutte contre le réchauffement climatique, Cozzano ne s'arrête pas là. Le maire se démène pour sauver les châtaigneraies si nombreuses et si belles qui entourent le village. Ce sont de véritables puits de carbone, les préserver est indispensable. Un gros travail de sensibilisation à ces enjeux a également été nécessaire : faire comprendre aux habitants, des plus petits aux personnes âgées, que tout le monde est concerné. L'initiative *Smart Paesi* (littéralement « village intelligent ») a ainsi eu pour but de démystifier la science et les questions énergétiques. Car ce n'est pas toujours facile de faire comprendre ce type d'initiative, constate Jean-Jacques. Les populations, comme les politiques, sont trop souvent dans l'immédiateté, le court-termisme, là où des projets comme celui-ci nécessitent souvent au moins une dizaine d'années pour être mis sur pied. Cozzano est aujourd'hui un modèle démontrant qu'il est non seulement possible d'agir à une échelle locale, mais surtout que c'est aussi dans les zones rurales que s'écrit notre avenir.

*
* *

Les campagnes n'ont jamais été autant à la mode qu'après la crise sanitaire. Quelques mois de confinement entre quatre murs et des millions d'urbains ne rêvaient plus que d'une chose : se mettre au vert. *A priori*, la place ne manquait pas pour les accueillir : l'Insee classe les régions rurales en deux catégories selon leur densité (52 habitants/km² ou 13 habitants/km² en moyenne) et estime que moins de 33 % de la population française y vit [1]. Qu'a donné cet exode urbain, dans les faits ? Si les gens ont bien quitté les grandes métropoles, c'est en général pour s'installer… dans de plus petites villes. Seuls 18 % des déménagements ont eu pour lieu d'arrivée un territoire rural (contre 17 % avant la pandémie). Attractive sur le papier et dans les imaginaires, la campagne a du mal à attirer d'un point de vue pratique (les services publics à proximité, les emplois…) [2].

Pourtant, l'acculturation des entreprises au télétravail, les considérations écologiques de plus en plus prégnantes voire les possibilités d'installation multiples (habitat collectif, habitat léger…) devraient faciliter la mobilité de ménages urbains. Ce qui est certain, c'est que nos grands défis à relever, en l'occurrence ceux de l'énergie et de la souveraineté alimentaire, le seront à la campagne ! **On peut installer tous les toits potagers qu'on veut dans les grandes métropoles, et des mini-éoliennes, on n'arrivera pas à être complètement autonomes. C'est dans les territoires ruraux, et grâce à eux, que nous réussirons la décarbonation.**

Luc-sur-Aude est un village de 230 âmes qui, sous la houlette de son maire, a pris sa destinée énergétique en main. Grâce à un appel à projet de la Région mais surtout à l'implication des villageois qui l'ont financé à hauteur de 270 000 euros, le premier parc solaire citoyen est né. La commune est aujourd'hui autonome sur le plan énergétique, au grand dam des géants du secteur, et la mise des administrés leur rapporte entre 5 et 7 % chaque année. Selon le baromètre du financement participatif de la transition énergétique réalisé chaque année, le financement citoyen ne cesse d'ailleurs de croître : de 11 millions d'euros en 2016, il a atteint 185 millions en 2021 (pour 367 projets dont 80 % dans le solaire) [3]. Les montants restent pourtant modestes au regard des enjeux et par rapport à nos voisins allemands. **En 2020, la France est le seul pays de l'Union européenne à ne pas avoir respecté ses**

engagements de développement d'énergies renouvelables, du fait notamment des trop nombreux obstacles administratifs, qu'il conviendrait à simplifier de toute urgence.

À Mené, en Bretagne, petite ville de 7 000 habitants, 40 % de l'énergie consommée est produite localement. Chaque année, 6 millions d'euros de la facture énergétique retournent sur le territoire grâce à la production photovoltaïque et éolienne [4]. L'éolien, justement, ne semble pas emporter l'adhésion du plus grand nombre. Tandis que 114 000 MW ont été installés dans le monde en 2020, seuls 1 500 MW l'ont été en France (deux fois moins qu'en Allemagne) [5]. Pourtant, si la mise de départ est importante (1,3 million d'euros par MW environ), le retour sur investissement est très intéressant (10 % ou plus par an pendant quinze à vingt ans). De nombreuses voix s'élèvent malgré tout : fonctionnement intermittent, dénaturation des paysages, déviation des couloirs migratoires, bruit… Ces craintes sont légitimes et il est hors de question de ne pas en tenir compte. Toutefois, peut-on encore préférer une énergie carbonée produite à des milliers de kilomètres dans des zones défigurées (les forêts de derricks des champs pétrolifères ou les étendues sinistrées par l'extraction des gaz de schiste ne font pas de belles cartes postales de vacances) à une énergie verte produite directement chez nous ? Peut-on encore accepter de faire porter sur les autres la charge de notre fourniture énergétique ? Il nous faut trouver des solutions.

Fermes solaires, champs d'éoliennes… mais aussi méthanisation. La France compte plus de 1 000 unités de méthanisation permettant de produire du biogaz à partir de déchets organiques et autres effluents d'élevage. Et les perspectives ne sont pas négligeables : à l'horizon 2030, les quantités de biométhane injectées dans le réseau ont été évaluées à 40 GWh d'énergie primaire, soit 10 % de la consommation nationale de gaz[6]. Pour les agriculteurs, la valorisation de leurs déchets offre des gains évidents. Surtout pour ceux qui, réunis en coopératives, entreprennent d'investir dans leur propre unité.

Les territoires ruraux vont donc jouer un rôle capital dans la réappropriation de notre mix énergétique. Évidemment, il ne s'agit pas de troquer des terres agricoles pour des espaces dévolus à la production d'électricité ou de biogaz : l'agriculture locale sera demain aussi essentielle que l'énergie locale. Et si les exploitations de demain seront moins intensives et moins mécanisées que celles d'hier, il faudra donc recruter massivement. The Shift Project prévoit un besoin de l'ordre de 421 000 emplois[7] compte tenu de la relocalisation de la production de fruits et légumes (+366 000 emplois), du développement de l'agroécologie (+133 000) et de l'intégration d'activités de valorisation par les producteurs (+42 000) qui compenseraient largement la baisse de la transformation de produits animaux et du négoce (-79 000).

Des territoires entiers ont déjà pris leur virage. C'est le cas de la Biovallée dans la Drôme. Après quelques années de conversion, près de 50 % des agriculteurs y travaillent en bio, 80 % des produits pour la restauration collective sont locaux et une ferme photovoltaïque fournit le tout. Au passage, cet écosystème est également l'occasion d'expérimenter de nouvelles formes de coopération plus intégrées et, au fond, plus naturelles. Car, contrairement aux hommes, plus l'environnement est hostile, plus la faune et la flore développent des mécanismes d'entraide qui permettent à chacun de trouver sa place et de quoi prospérer [8]. Nous ne perdrons rien à nous en inspirer.

Si le rôle des territoires dans le développement des énergies renouvelables et de l'agriculture ne souffre guère de contestation, leur impact sur les transports reste quant à lui un sujet plus épineux. La construction de routes et d'autoroutes a longtemps été le principal levier de l'aménagement du territoire. Alors que faire sans sa voiture ? Il est d'autant plus difficile d'y répondre que la responsabilité de la mobilité, hier entre les mains du ministère des Transports, est aujourd'hui descendue au niveau des intercommunalités, dont les moyens ne sont pas à la hauteur des infrastructures qu'il faudrait construire pour encourager d'autres modes de transport.

Augmenter l'espace réservé au vélo serait néanmoins à leur portée. D'autant que le coût reste raisonnable car il est principalement fonction de la densité de population. Ainsi, le kilomètre de piste cyclable se monte à environ 150 000 euros en milieu urbain peu dense tandis qu'il grimpe à 800 000 euros en cœur de ville (on reste loin toutefois des 5 ou 6 millions/km d'un site propre de bus, des 6 à 14 millions d'une autoroute voire des 20 millions/km d'un site propre de tramway [9]).

L'ambition serait d'autant plus justifiée que les territoires ruraux ne sont pas toujours aussi excentrés qu'on veut bien le croire. Ainsi, au cœur de la Charente, en pays ruffécois, 40 % de la population rurale à accès à une école primaire et un collège à moins de vingt minutes à vélo et 37 % peut trouver une boulangerie à moins de cinq minutes [10].

Si nos campagnes seront demain ici ou là plantées d'éoliennes, le soleil se réfléchira sur les panneaux photovoltaïques des toits des hangars, les déchets y seront récupérés et valorisés, les mobilités y seront plus douces grâce à des pistes cyclables protégées et interconnectées, les circuits auront raccourci au maximum, la vie y sera locale et riche. Au fond, la décarbonation doit être vue comme l'aubaine qu'elle est vraiment pour ces territoires.

Action Happy End #14

Simplifier administrativement les projets de production d'énergies locales renouvelables.

15

Recouvrer notre souveraineté industrielle

FAIRBRICS (ÎLE-DE-FRANCE)

À l'origine de Fairbrics, deux brillants ingénieurs, Tawfiq et Benoît. Le premier s'intéresse depuis une bonne dizaine d'années au problème de la pollution et des moyens intelligents pour le résoudre. L'autre adore faire passer les innovations de la théorie à la pratique. Ils se rencontrent au sein d'un programme d'entrepreneuriat d'un célèbre incubateur parisien. Quand Tawfiq expose à son collègue son invraisemblable idée, à laquelle personne ne croyait à l'époque, celle de transformer du CO_2 en fibre textile, Benoît est enthousiaste. Ils décident alors de créer Fairbrics ensemble. Malgré leurs deux profils complémentaires, il leur est difficile de lever des fonds, les investisseurs étant sceptiques quant à la viabilité de la technologie. Ils se tournent alors vers l'étranger et trouvent des *business angels* en Suisse et en Suède qui leur permettent de créer le premier labo, et de faire la preuve de leur concept.

Le principe est simple sur le papier : Fairbrics reproduit la photosynthèse des plantes, qui captent le CO_2, et grâce au soleil créent de la fibre synthétique pour grandir et se développer. L'entreprise est basée sur le biomimétisme, consistant à s'inspirer des propriétés essentielles d'un ou plusieurs systèmes biologiques pour mettre au point des procédés et des organisations durables pour notre quotidien. Fairbrics va directement capter à la source du CO_2 produit par différentes industries émettrices. À l'aide d'un catalyseur et d'un solvant, ils provoquent une réaction chimique pour produire des produits chimiques utilisés dans la synthèse du polyester. Ces produits chimiques sont polymérisés pour former des granulés de polyester, qui sont filés en fil et enfin en tissu. Ils peuvent ensuite vendre celui-ci à l'industrie de la mode pour une production écologique et pérenne.

Remplacer le polyester d'origine fossile serait une avancée gigantesque dans la lutte contre le réchauffement climatique, surtout quand le GIEC affirme clairement que la captation du CO_2 est un des axes importants dans notre stratégie de limitation de l'augmentation de la température de la planète. Fairbrics se concentre aujourd'hui sur le polyester comme matériau d'entrée parce que le marché est énorme, mais ils comptent s'attaquer ensuite au problème du plastique. Dans un avenir proche, leur technologie permettrait de produire du polyéthylène téréphtalate (PET) 100 % durable et sans émission de carbone. L'usine pilote doit voir le jour en Belgique mi-2024. Affaire à suivre.

*
* *

Même si notre réflexion se concentre prioritairement sur la décarbonation de l'économie française, celle-ci ne vit pas en autarcie. L'échelle européenne et l'échelle internationale, surtout lorsque l'enjeu concerne toute la planète, doivent également être prises en compte. Attention toutefois à ne pas y voir des motifs d'inaction : combien de femmes et d'hommes politiques ont expliqué doctement qu'il ne servait à rien de prendre des mesures en France si les mêmes n'étaient pas décidées au niveau mondial ? C'est une bien piètre façon de cacher leur peur du changement…

Commençons par rappeler quelques chiffres. En 2010, la demande d'électricité mondiale s'élevait à 18 500 TWh. En 2021, elle était passée à 24 700, une augmentation de 33 %. À qui la doit-on ? À l'Union européenne ? Sur la même période, sa demande d'électricité a augmenté de 1,3 % en valeur absolue mais a chuté de 13,9 à 10,6 % de la demande globale (pour 5,6 % de la population mondiale). Aux États-Unis ? Leur demande a crû de 3,2 % en valeur absolue mais a elle aussi chuté de 20,9 à 16,2 % (pour 4,2 % de la population mondiale). C'est en réalité la Chine qui tire cette croissance : sa demande d'électricité a plus que doublé (+106 %) en passant de 19,7 à 30,6 % de la demande globale (pour 17,8 % de la population mondiale). À un niveau moindre, la progression de l'Inde (+77,5 %) et celle des pays de l'Asie du Sud-Est

(+70,5 %) expliquent aussi cette évolution. Et les scénarios prospectifs tablent sur un triplement de cette demande pour l'Asie-Pacifique à l'horizon 2050 [1].

Regardons à présent du côté des émissions de CO_2. Elles se sont chiffrées à 40,6 milliards de tonnes en 2022. **Le plus gros émetteur n'était autre que la Chine avec 32,9 % des émissions, suivie par les États-Unis (12,6 %), l'Union européenne (8,3 %) et l'Inde (7 %) [2]. Soit environ 61 % des émissions pour ces quatre ensembles qui abritent à peine 45 % de la population mondiale.**

On le voit, les situations et les tendances sont très contrastées selon l'angle d'analyse et la région que l'on examine. Elles le seraient encore plus en incluant pour chaque pays les émissions liées à leurs importations. L'Europe, par son histoire (elle est à l'origine de la révolution industrielle qui a fait exploser la densité de GES dans l'atmosphère), par son poids (18 % du PIB mondial) et par son leadership a un rôle moteur à jouer dans la transformation en cours. Un double rôle, même : celui de l'exemplarité d'une part et celui de l'incitation d'autre part.

Si hier encore, l'Union européenne ne jurait que par les règles de la libre concurrence et par les principes du néolibéralisme, le tournant vert qu'elle doit opérer l'oblige à revoir son idéologie. Preuve de ce revirement, fin 2022, la Commission européenne, le Parlement européen et le Conseil de l'Union européenne se sont engagés à l'unisson sur la mise en place d'un mécanisme d'ajustement carbone aux frontières (MACF). Dorénavant, les importations de certains produits dans l'Union se verront affecter un prix carbone. Ciment, fer, acier, aluminium, engrais, électricité, hydrogène… les produits les plus exposés à un risque de fuite de carbone seront les premiers taxés. Quoique nouvelle, cette ambition n'en est pas pour autant disruptive puisque le texte respecte à la lettre les principes de l'Organisation mondiale du commerce (OMC) qui, biberonné au néolibéralisme, est loin d'avoir fait de la préservation de l'environnement son principal cheval de bataille. C'est malgré tout un premier signe adressé aux pays peu regardants en termes d'émissions de GES : moins vos produits seront verts et plus vous serez contraints de les vendre cher. C'est également un signe en direction des entreprises européennes qui ont massivement délocalisé leurs usines ou qui ont délégué à des sous-traitants la responsabilité des productions les plus émettrices de GES (en étant pleinement conscientes qu'installées dans des pays plus permissifs, elles pourraient continuer à produire sans tenir compte de l'impact environnemental de leurs procédés).

Les évolutions des mécanismes européens ne doivent pas s'arrêter en si bon chemin. Le système d'échanges de quotas d'émission (EU-ETS), ce marché du « droit à polluer », doit encore améliorer son efficacité. Il devrait notamment être étendu à d'autres entreprises et d'autres secteurs (tels que le transport maritime) et le nombre de droits à polluer accessibles devrait diminuer progressivement.

Si l'Europe, lentement mais sûrement, va dans le bon sens, il est tout aussi important qu'elle milite dans les instances internationales pour une harmonisation des pratiques entre les pays fortement pollueurs (Chine, Inde mais aussi Japon, Brésil…) et pour un accompagnement des pays en développement. Ce qui commence par une déconstruction de quelques-uns des grands principes qui ont structuré les règles du commerce international. La « théorie des avantages comparatifs », par exemple, que l'on doit à l'économiste britannique David Ricardo au début du XIXe siècle, suppose qu'un pays qui dispose d'un avantage en termes de compétitivité sur les autres dans un domaine donné devrait s'y spécialiser afin d'accroître sa valeur. Bien que combattue par de nombreuses voix [3], cette théorie continue d'être au cœur des mécanismes internationaux. Or, elle est totalement aveugle sur la question des externalités sociales et écologiques, et sur nos emplois ! En protégeant (par des barrières douanières ou des subventions, par exemple) des pans entiers de l'économie, on peut avoir un effet sur le développement des compétences, le chômage ou l'environnement et, en définitive, sur le bien-être global des citoyens.

Ce n'est pas parce que ces théories dépassées céderont que les échanges s'effondreront. D'autant que nos nations développées sont pauvres en ressources énergétiques et en minerais. À titre d'exemple, la production de coltan, composant essentiel de nos ordinateurs et de nos smartphones, provient principalement de la République démocratique du Congo. Environ 700 tonnes y ont été extraites en 2021. Mais à quel prix ? Violations des lois sur l'environnement et des droits humains, travail des enfants, violences et meurtres y composent un quotidien bien sombre [4].

Il n'est pas concevable de continuer à importer des matières premières, aussi nécessaires soient-elles, à un prix aussi inhumain. Nous portons tous, dans notre poche ou notre sac, un petit morceau de responsabilité vis-à-vis de ces exactions. C'est pourquoi nous devons aider ces nations à construire des économies plus respectueuses de l'environnement et des conditions de travail. Voilà où l'aide au développement devrait aussi être dirigée. Le FMI et les banques de développement pourraient récompenser les pays qui se tournent vers des technologies vertes ou des productions plus durables. Ils pourraient conditionner leurs aides au respect de normes plus strictes. Ils pourraient accompagner ces pays dans la création de marchés du carbone en s'inspirant du retour d'expérience européen.

Ces évolutions, l'Union européenne est la mieux placée pour les porter sur le devant de la scène. Et si ce n'est pas l'Union dans sa totalité, rien n'empêche ses leaders de prendre les devants. En invitant par exemple les grandes nations à assumer publiquement leur rôle via **la création d'un « club des grands émetteurs »** où elles partageraient leurs initiatives en faveur de la réduction des émissions de GES. Pour la première fois dans l'histoire de l'humanité, nous tenons là un objectif qui peut tous nous rassembler, pour lequel nous pouvons faire cause commune. C'est une chance comme on n'en a jamais connu, de recréer des principes et des règles de collaboration plus efficaces et plus justes.

Action Happy End #15

Étendre le système d'échanges de quotas d'émissions et diminuer les droits à polluer.

Troisième partie

TRANSFORMER NOTRE ÉCONOMIE

« Un changement en prépare un autre. »

NICOLAS MACHIAVEL

16

Investir massivement dans l'avenir

AFYREN (AUVERGNE-RHÔNE-ALPES)

Né dans la Nièvre, c'est à Clermont-Ferrand que Jeremy posera rapidement ses valises. Pour ses études d'abord, la fac et un master de microbiologie, puis il effectuera un stage dans un labo universitaire, dans la recherche sur la valorisation des déchets. C'est là qu'il découvre qu'on peut transformer « la merde en or ». Après une expérience de quelques années en tant qu'ingénieur en Auvergne, il ne tardera pas à démissionner pour se lancer dans une incroyable aventure. Il s'associe d'abord avec le chercheur auprès duquel il avait fait son stage, durant lequel ils avaient travaillé sur la valorisation de détritus pour créer de l'hydrogène. La société Afyren est lancée en 2012, des premiers brevets sont déposés dans la foulée. Rapidement, ils se rendent comptent que la technologie n'est pas viable d'un point de vue économique (cela coûte trop cher à fabriquer) et réfléchissent donc à pivoter leur modèle. Ils s'aperçoivent que leur invention permet certes de créer de l'hydrogène mais aussi de valoriser des acides, qu'ils jetaient jusque-là, faute de savoir qu'en faire.

Pourtant les acides sont précieux, nous en consommons tous les jours. Que ce soit pour l'arôme des yaourts, la fabrication de parfum, dans les chips, le ketchup, le pain de mie, dans certains médicaments, les lunettes, le lubrifiant des voitures… Les acides sont des conservateurs indispensables à la production de nombre de nos produits de consommation. Et tous ces acides viennent… du pétrole ! Afyren se propose de créer les premiers acides biosourcés au monde grâce à sa technologie. Ils utilisent les déchets des industries sucrières, en l'occurrence les résidus de betterave. Ces derniers sont déversés dans de gigantesques cuves, et circulent ensuite à travers différentes impressionnantes installations, avant que sept types d'acides différents soient extraits, prêts pour être utilisés par les industriels. Le reste c'est de l'engrais revendu aux agriculteurs, notamment pour produire de la betterave… Du 100 % circulaire donc.

Il s'agit d'une véritable alternative aux acides pétrosourcés, et dont le processus de fabrication est 80 % moins générateur de CO_2, pour un prix et une quantité similaires. Si le siège est resté à Clermont, l'usine de production est quant à elle à Saint-Avold, à la frontière allemande. Un endroit stratégique car proche des leaders mondiaux du sucre d'outre-Rhin, permettant un circuit court pour la collecte des coproduits de betterave, et restant à proximité des grands sites industriels du Benelux, fortement présents dans un rayon de 150 km. Le site fait face aux grandes cheminées de la centrale à charbon que le gouvernement a récemment décidé de rouvrir. Une confrontation visuelle de deux mondes, deux visions industrielles qui s'opposent. Afyren démontre que l'agrochimie dessine un des contours de ce que sera l'industrie de demain. Prochaine étape la Thaïlande, où une usine similaire va voir le jour, utilisant cette fois les résidus de canne à sucre. Un projet américain est aussi à l'étude. Il ne fait nul doute que l'entreprise de Jeremy va connaître un bel essor, en plus des applications prometteuses sur lesquelles les chercheurs auvergnats sont déjà en train de réfléchir.

*
* *

Chaque innovation majeure est adoptée un peu plus vite que la précédente [1]. Il a fallu 50 ans au téléphone pour entrer dans 50 millions de foyers. Il a fallu 38 ans à la radio pour compter 50 millions d'utilisateurs et juste 22 à la télévision. Puis 12 au téléphone mobile, 7 à internet et 3 à Facebook. La dernière innovation mondiale en date, ChatGPT, a atteint non pas 50 mais 200 millions d'adeptes en à peine deux mois [2]. Évidemment, le temps de développement reste incompressible : OpenAI, la maison mère de ChatGPT, a été fondée en 2015, et il a donc fallu huit années de travaux quasi secrets et d'investissements massifs (Microsoft aurait misé un milliard dans l'entreprise) pour accoucher de la version 3.0 du moteur conversationnel. Ce qui signifie non seulement que les innovations qui pourraient bouleverser l'année 2030 sont déjà en gestation aujourd'hui mais aussi qu'il faut lancer dès à présent les recherches sur celles qui sortiront en 2050.

Selon l'index réalisé chaque année par la WIPO (*World Intellectual Property Organization*) [3], au sein des pays développés, les trois qui arrivent en tête en matière d'innovation sont la Suisse, les États-Unis et la Suède. La France se classe à la douzième place, juste derrière la Chine. Les États-Unis trustent ainsi la pole position dans le monde sur 15 des 81 indicateurs constituant l'index (investisseurs privés en recherche-développement, investisseurs en capital-risque, qualité des universités, qualité et impact des publications scientifiques, nombre de brevets par origine, dépenses en logiciels informatiques…).

Les Gafam (Google, Amazon, Facebook, Apple, Microsoft) sont d'origine américaine, les BATX (Baidu, Alibaba, Tencent et Xiaomi) sont chinoises… et l'Europe dans tout ça ? Son absence de la liste des plus grandes entreprises du numérique est éloquente. Néanmoins, parmi les vingt-cinq premières nations du classement à l'index WIPO, on compte quinze pays européens. Le potentiel est donc là : « L'innovation sera la clé du succès de nos enjeux numériques et écologiques », a même martelé la présidente Ursula von der Leyen [4]. Plus de 95 milliards sont ainsi dévolus à ces deux domaines dans le programme de recherche et d'innovation Horizon Europe lancé en 2021 [5].

La France quant à elle se classe au huitième rang en Europe selon l'index WIPO et au septième rang selon l'index Éco-Innovation de la Commission européenne, loin derrière les nations nordiques (Suède, Finlande,

Danemark). En 2019, la dépense intérieure en recherche et développement (R&D) représentait 2,2 % du PIB (40 % de recherche publique et 60 % de recherche privée) alors que l'objectif fixé par la « stratégie Europe 2020 » invite les États membres à consacrer 3 % de leur PIB.

Les entreprises ont un rôle crucial à jouer dans les investissements en R&D. Malgré les tergiversations des pouvoirs publics, leurs efforts sont notables sur le papier : elles ont augmenté leurs dépenses en la matière de près de 10 % en 2021 dans le monde. Quatre secteurs arrivent en tête des préoccupations : matériel informatique et équipements électriques ; logiciels et services liés aux technologies de l'information et de la communication ; produits pharmaceutiques et biotechnologies ; construction et métaux industriels. Les industries qu'il faudrait accompagner vers la décroissance pour respecter nos engagements (automobile, voyage) et qui ont subi un net coup d'arrêt durant la crise sanitaire ont, elles aussi, relancé leurs investissements R&D. Le secteur des transports apparaît ainsi comme le premier en nombre de dépôts de brevets en France en 2022 [6]. Mais toutes les innovations ne se valent pas : laisser les constructeurs automobiles déposer des brevets sur les voitures thermiques ou les compagnies pétrolières sur les techniques de forage n'a pas grand sens. S'il n'est pas question de les interdire, rien n'empêche de minorer l'intérêt qu'ils auraient à le faire.

De grandes annonces ne cessent d'être faites sur l'environnement. Pourtant, dans le quatrième Programme d'investissements d'avenir (PIA) lancé en janvier 2021, seul un tiers des 12,5 milliards d'euros d'investissement dévolus à l'innovation « dirigée » sont dédiés à la transition écologique. Quand ce ne sont pas des investissements qui sont ripolinés en vert pour que ça passe dans l'enveloppe.

Aujourd'hui, à peine 10 % des investissements globaux français sont tournés vers l'environnement, soit 5,2 milliards d'euros [7] ! Et ce, de manière directe mais aussi indirecte : on comptabilise donc l'efficacité énergétique, la gestion des ressources naturelles, mais aussi l'utilisation de nouveaux matériaux plus durables dans une usine polluante par exemple. On marche sur la tête. Lorsqu'on enlève les secteurs de l'énergie et des transports, on s'aperçoit que 58 % de l'effort de R&D est fait directement par les entreprises. L'agriculture mobilise 7 % de ses efforts de recherche autour des questions environnementales, c'est 0,1 % pour les industries pharmaceutiques, 12 % pour l'automobile comme pour la chimie, et 23 % pour le secteur énergétique. En 2020, ce sont 5 % seulement des crédits budgétaires publics qui sont consacrés à l'environnement ! **Toutes les aides, nombreuses en France, de type crédit d'impôt recherche devraient être conditionnées à des critères d'impact environnemental sur l'ensemble du scope de l'entreprise.** Une éco-conditionnalité des aides publiques qui ne doit pas être perçue comme une contrainte, mais comme une opportunité économique.

Et il y a matière à être optimiste : depuis dix ans, le coût des énergies renouvelables et des batteries a diminué de manière importante, beaucoup plus que ce que nous aurions pu imaginer. Le tout avec finalement peu de R&D. Le potentiel est donc énorme si nous décidions de véritablement réorienter le progrès technique vers les questions environnementales. Voilà pourquoi, malgré toutes les grandes annonces qui sont faites, on peut considérer que la transition vers un monde décarboné n'a pas vraiment commencé !

Car aujourd'hui les investissements écologiques sont encore concurrencés par d'autres moins soucieux du climat. À titre d'exemple, entre 2016 et 2020, les investissements en faveur de la transition verte sont passés de 55 à 84 milliards d'euros en France [8]. Mais sur la même période, ceux des grandes banques françaises dans les énergies fossiles ont grimpé de 19 % par an en moyenne, passant de 44 à 85 milliards [9]. Alors que l'accord de Paris demande de les arrêter purement et simplement. Les voilà, les 25-50 milliards qui nous manquent pour financer la décarbonation complète de notre économie. Ils sont à portée de main, et c'est très frustrant !

Quel gouvernement peut accepter une telle dissonance cognitive sur des enjeux aussi vitaux ? Car c'est bien le rôle de l'État qu'il faut interroger en premier. C'est lui qui doit montrer la direction, donner l'impulsion, circonscrire le cadre et accompagner les acteurs privés et les particuliers.

Ce qui manque à l'Europe, c'est surtout une véritable vision. On ne cesse de courir derrière les États-Unis ou la Chine, sans vraiment se demander où nous souhaitons aller. Le tournant écologique radical que nous devons prendre est l'occasion de préempter le leadership sur un segment d'avenir. Rien que sur les *greentechs*,

57 % des investissements mondiaux se font sur le territoire nord-américain, contre seulement 28 % en Europe [10]. Ces chiffres devraient être inversés.

On pourrait ainsi imaginer la création d'un organisme européen, équivalent de celui existant outre-Atlantique (ARPA-E), qui finance de la recherche sur des technologies de rupture dans le secteur des énergies renouvelables. Tout comme les investissements verts ne devraient pas être pris en compte dans les critères du pacte de stabilité européen. Afficher une véritable ambition et permettre à la France et à l'Europe de devenir leader dans le domaine, et plus globalement de l'industrie verte de demain, voilà qui mobilisera les talents et rendra le vieux continent attractif.

Enfin, il ne faudrait pas négliger le rôle des fonds d'investissement. Les opérations de capital-risque ont augmenté de 46 % en 2021, enregistrant des niveaux comparables à ceux du boom de l'Internet à la fin des années 1990 [11]. On n'ose imaginer qu'il faille une nouvelle crise financière pour ralentir l'activité économique et faire chuter les émissions de GES… Si toutes les innovations ne se valent pas, il en est de même des investissements. Pour quelques acteurs qui étalent en totale transparence l'intégralité de leurs investissements aux yeux de leurs sociétaires, combien d'acteurs moins scrupuleux ? **Des suspicions de *greenwashing* planent depuis un certain temps sur ces fonds qui se disent en faveur de la transition écologique mais masquent derrière leur opacité des montages douteux [12]. Il est plus que temps de traquer toutes les opérations de communication frauduleuses pour le consommateur**

en la matière et de les punir sévèrement. Aujourd'hui tout le monde peut se dire vert, ce qui ne veut plus rien dire.

On le voit, juste instaurer des labels verts ne suffit pas. Distribuer du crédit d'impôt recherche sans conditions ne suffit pas non plus. Allouer des fonds en faveur de l'innovation sans mesurer leur impact sur la décarbonation de l'économie ne suffit pas. L'agriculture, l'industrie, l'énergie vont avoir besoin de soutiens financiers pour opérer leur virage. La croissance de la productivité, c'est-à-dire la mesure utilisée par les économistes pour évaluer si les conditions de vie peuvent être améliorées au fil du temps, est à son niveau le plus bas jamais atteint [13]. Cela remet en question la capacité de l'innovation à être le vecteur de la croissance de demain. Mais l'enjeu n'est plus la croissance, c'est la décarbonation. Financer la R&D, c'est préparer le monde de demain. Si nous le rêvons décarboné, alors revoir la façon dont on investit dans la recherche est une priorité.

Action Happy End #16

Créer une éco-conditionnalité pour tous les dispositifs de soutien à l'innovation.

17

Électrifier la France

ENERCOOP (ÎLE-DE-FRANCE)

À l'origine d'Enercoop, un groupe d'acteurs, des pionniers de l'énergie renouvelable, des ONG de protection de l'environnement et des structures de l'économie sociale et solidaire. Tous se regroupent en 2005 pour créer une grande coopérative énergétique. Un an plus tôt, le marché européen de l'électricité s'est officiellement ouvert à la concurrence. C'est l'époque de la privatisation d'EDF, et l'énorme enjeu social que cela pose de privatiser un bien de consommation aussi vital que l'électricité. Le mix énergétique français est atypique, avec 70 % d'électricité provenant du nucléaire (quand il fonctionne !), ce qui a peu incité au développement d'autres sources d'énergie. À l'époque les énergies issues du renouvelable n'étaient pas encore perçues comme aussi indispensables qu'elles le sont aujourd'hui.

L'idée d'Enercoop est d'être un fournisseur d'électricité 100 % verte, et où tout le monde peut être sociétaire. C'est le modèle de société coopérative d'intérêt collectif (SCIC) qui est retenu, si bien que l'ensemble des clients, fournisseurs et salariés d'Enercoop détiennent les outils de production. C'est un statut qui limite la lucrativité des opérations, car 60 % des bénéfices doivent être réinvestis dans le projet de transition énergétique de la structure. Cette dernière est parfaitement démocratique, chaque personne morale ou physique détenant une seule et unique voix. À l'époque, il était difficile de trouver des adhérents autres que des personnes farouchement militantes. Mais peu à peu, de plus en plus de producteurs d'énergie indépendants ont vu le jour : des citoyens, des agriculteurs, des collectivités… Et à l'autre bout de la chaîne, nombreux sont ceux qui ont souhaité souscrire à un abonnement d'électricité 100 % renouvelable, local et solidaire. Leur électricité provient aujourd'hui de plus de 400 sites de production partout en France, la moitié appartenant directement à des citoyens ou à des collectivités. L'énergie est issue à 53 % de l'éolien, à 39 % de l'hydraulique, à 7 % du solaire et à 1 % de la biomasse.

Avec la guerre en Ukraine et la flambée des coûts, les sociétaires d'Enercoop ont dû se résoudre à contrecœur à provisoirement se tourner vers le nucléaire pour amortir la hausse des prix… Et malgré cela, ils ont quand même dû augmenter les prix de 10 % en moyenne pour les particuliers et ont quasiment doublé ceux des professionnels. Cela ne les empêche pas de grandir. Enercoop a même été contraint de créer une liste d'attente pour accueillir de nouveaux sociétaires. L'ADEME les a récemment mis en valeur, en créant un nouveau label (Vertvolt) pour permettre aux particuliers de s'y retrouver dans les offres d'électricité se disant vertes (70 % des offres d'électricité). Il faut savoir que ces dernières ne garantissent généralement pas le fait de provenir d'énergies renouvelables et trompent aussi le consommateur. Raison de plus d'être tous toujours plus attentifs au *greenwashing* qui n'est jamais très loin.

*
* *

Tous secteurs confondus, l'utilisation de l'énergie compte pour 76 % des émissions de GES en France [1]. Le secteur de l'énergie quant à lui totalise 12 % des émissions de GES. Au vu de la baisse de ses émissions de 30 % depuis 1990 [2], on pourrait croire que le système français a pris la mesure des enjeux et bien amorcé sa mue. Or, il n'en est rien. Deux impératifs se dressent devant lui : développer une énergie bas carbone d'une part, améliorer l'efficacité énergétique d'autre part.

Pour le premier, l'actualité récente ne nous rendrait pas optimiste : la centrale à charbon de Saint-Avold (Moselle), une des dernières de France, fermée en mars 2022, a rouvert à peine huit mois plus tard sur fond de guerre en Ukraine. Son pendant de Cordemais (Loire-Atlantique) continue pour sa part de tourner, mais sera progressivement converti à la biomasse grâce aux efforts de ses salariés et d'EDF. On pourrait s'inquiéter de cette persistance ou, au contraire, s'en réjouir en comparant avec la situation de nos voisins allemands dont 31 % de l'électricité est encore produite à base de charbon et lignite. L'Allemagne héberge d'ailleurs la plus grande mine à ciel ouvert d'extraction de lignite d'Europe, à Hambach. Mine qui, non contente d'être le site le plus émetteur de GES d'Europe, a également détruit 90 % de la forêt primaire locale[3]. On pourrait se réjouir, donc, mais on aurait sans doute tort : la part du charbon dans le mix énergétique de l'Allemagne se situait encore à 50 % il y a vingt ans ; son déclin est donc aussi net qu'irréversible. Et sur la même période, la part des énergies renouvelables dans leur mix a bondi de 7 à 44 %[4]. L'Allemagne a donc bien entamé un virage qui serait complet d'ici une quinzaine d'années. Et la France ?

Sa consommation d'énergie primaire se décompose aujourd'hui comme suit : 47 % pour les énergies fossiles (pétrole, gaz naturel et charbon), 39 % pour le nucléaire et 13 % pour les énergies renouvelables. La part de ces dernières dans la consommation d'énergie primaire n'était encore que de 8 % en 2010[5]. Les progrès sont visibles mais restent timides. Il est vrai que les temps de conception/construction des infrastructures énergétiques et la durée de vie des équipements ne permettent pas un changement radical rapide. Cela milite d'autant plus pour un investissement immédiat et conséquent. Car le pays est déjà en retard par rapport aux pointages intermédiaires inscrits dans la Stratégie nationale bas carbone.

Le solaire (4 % de la consommation finale brute d'énergies renouvelables[6]) et l'éolien (12 %) sont les deux axes de ce développement, sachant que l'hydraulique (19 %) ne peut guère fournir plus et que le bois (33 %), les biocarburants (10 %) ou les biogaz (4 %) ont chacun leurs contraintes. D'ailleurs, compte tenu de la baisse de ses coûts de production et de la hausse de ses performances, le photovoltaïque est aujourd'hui dans le monde l'énergie qui se développe le plus, comptant pour 36 % des ajouts de capacités énergétiques[7]. Quant à l'éolien, sur terre ou en mer, il apparaît comme la moins coûteuse, y compris en ressources hydriques, de toutes les énergies. Et peut s'implanter un peu partout, y compris au sommet de la tour Eiffel, où deux éoliennes ont été installées.

Changer la façon dont notre énergie sera produite en 2050 ne suffira pas toutefois à atteindre nos engagements de neutralité carbone. Il faudra, dans le même temps, en avoir amélioré l'efficacité. L'intensité énergétique de l'économie française devra être bien moindre. Les systèmes devront être beaucoup plus flexibles afin de fournir l'électricité nécessaire, ni plus ni moins, et permettre un basculement en fonction de la demande. Les déperditions de chaleur devront être bannies. Les fuites de méthane et de fluides frigorigènes, terriblement nocives pour le climat, devront être maîtrisées.

Cette électricité qui inondera nos réseaux et qu'il ne faudra en aucun cas dilapider devra donc être soit distribuée, soit stockée. Pour la distribuer, des réseaux d'échanges européens interconnectés devront être construits comme on a construit hier des pipelines afin d'acheminer les énergies fossiles d'un bout à l'autre des continents.

Le stockage reste quant à lui un point épineux. Plusieurs techniques, toutes imparfaites par certains aspects, devront être cumulées. On aura du stockage gravitaire de masse d'eau avec les stations de transfert d'énergie de pompage ou STEP, du stockage thermodynamique par air comprimé, du stockage d'énergie cinétique, du stockage électrochimique avec des batteries et des supercondensateurs ou encore du stockage sous forme d'hydrogène par électrolyse via le procédé *power to gas*.

L'hydrogène occupe d'ailleurs une position à part au sein du mix énergétique. Car sa combustion ne dégage pas une once de CO_2 tout en ne nécessitant qu'une adaptation *a minima* des équipements thermiques existants (un véhicule à hydrogène utilise lui aussi un moteur à explosion). L'industrie, le bâtiment, les transports en seraient des débouchés instantanés. Sans parler de sa valeur énergétique : par kilo, il contient deux fois plus d'énergie que le gaz naturel et trois fois plus que le pétrole [8]. Le rêve d'une transition facile, en somme.

Sauf qu'il y a un « mais ». L'hydrogène tel qu'il est produit aujourd'hui provient des énergies fossiles (c'est l'hydrogène dit gris). Une véritable transition ne pourra s'envisager qu'avec de l'hydrogène vert, autrement dit produit par électrolyse de l'eau avec de l'énergie renouvelable. Mais le coût est alors quatre fois supérieur à celui de l'hydrogène gris. Sans parler des pertes notables provoquées par son stockage en l'état actuel des procédés.

Cela dit, pourquoi tant de couleurs quand il suffirait de trouver de l'hydrogène blanc, autrement dit des molécules H_2 directement présentes à l'état naturel dans le sous-sol ? Depuis la découverte d'un puits au Mali, et même si on ne sait pas encore expliquer la formation de nappes d'hydrogène ni calculer leur étendue, l'enthousiasme ne cesse de croître dans la communauté des géologues pour ce qui pourrait bien offrir à l'industrie fossile de quoi se réinventer tout en conservant sa position dominante[9]. À ce jour, outre les limites technologiques, de nombreux obstacles se dressent encore sur la route de l'hydrogène. Le coût d'abord : il est deux à trois fois plus cher à produire que les énergies fossiles. Une absence d'encadrement aussi, qui rend les achats et ventes tributaires de rapports de force. Un manque d'infrastructures dédiées (à peine 4 500 km de pipelines). Des stratégies nationales trop timides enfin alors que les investissements en recherche et développement devraient se multiplier[10].

En attendant d'être en mesure de stocker efficacement l'électricité et de produire écologiquement l'hydrogène, il est nécessaire de conserver des énergies de transition. La France a fait le choix, depuis longtemps déjà, de miser sur le nucléaire (si bien que son mix électrique est un des plus décarbonés d'Europe). Cette filière pose néanmoins un certain nombre de questions. À commencer par celle de sa sûreté (Three Mile Island, Tchernobyl, Fukushima, trois noms que l'histoire n'aurait jamais retenu sans les catastrophes nucléaires qui s'y sont déroulées). Elle implique autant la conception, le fonctionnement que le démantèlement des installations, le transport et le stockage des substances radioactives. Elle se double d'un enjeu sécuritaire compte tenu des conséquences qu'entraînerait une agression criminelle. Le vieillissement du parc et ses nécessaires actions de maintenance (29 réacteurs sur 56 en exploitation arrêtés en avril-mai 2022) sont un autre sujet. En 2050, les centrales françaises, majoritairement construites dans les années 1970 et 80, auront vraisemblablement terminé leur cycle de vie. Seront-elles remplacées ?

Il faut rappeler que le nucléaire d'aujourd'hui repose sur un choix stratégique de combustible réalisé durant la Seconde Guerre mondiale, celui de l'uranium au détriment du thorium. Car l'uranium permettait la bombe atomique là où le thorium était simplement plus abondant, plus efficace et plus sûr. Si des pays comme la Russie, la Chine, le Japon et l'Inde poursuivent depuis longtemps leurs travaux sur les réacteurs de quatrième génération, la France est encore sur des évolutions de la troisième (les fameux EPR). Mais construire des centrales au thorium avec des sels fondus en guise de caloporteur (le fluide qui transporte la chaleur) demandera de rattraper toutes ces années perdues dans un choix discutable. L'arbitrage entre la poursuite d'une filière d'excellence et le virage vers une filière plus sûre ne sera pas évident.

Il y a aussi l'espoir de la fusion nucléaire, ce bel espoir d'eldorado énergétique, qui consiste à reproduire au sein d'un réacteur thermonucléaire le processus qui alimente le cœur des étoiles. Avec des effets qui laissent rêveur : un gramme de matière en fusion nucléaire produit la même quantité d'énergie qu'un kilogramme d'uranium dans une centrale atomique ou que 10 tonnes de pétrole dans une centrale thermique. Un rapport d'un à dix millions ! Malheureusement, malgré quelques avancées récentes et des dizaines de milliards d'euros partis en fumée, le rêve n'est toujours pas devenu réalité.

Notre parc nucléaire est aujourd'hui vieillissant et le nucléaire de quatrième génération (où les problèmes de gestion des déchets et de sûreté pourraient être maîtrisés) **est un pari sur l'avenir. Il faudra plusieurs décennies pour l'aboutissement de nouveaux projets, alors que nous devons urgemment décarboner. Pour aboutir à une France où l'énergie sera décarbonée en 2050, il faut donc massivement et dès à présent investir dans la production d'énergies renouvelables**, que nous savons rapidement mettre en place. Ce qui signifie raccourcir les délais administratifs d'autorisation mais surtout **adapter les infrastructures qui, aujourd'hui encore, sont trop tournées vers les énergies fossiles** (43 % des réseaux de chauffage urbain sont alimentés par le gaz, le charbon et le fioul, par exemple) [11]. **Des énergies de transition devront bien sûr nous accompagner durant cette évolution et des centrales d'appoint devront persister afin de parer à toutes les éventualités.** Ces décisions, même si elles impliquent aussi les collectivités et les entreprises, doivent être impulsées au plus haut sommet de l'État. Car l'électrification de la France aura des retombées positives sur notre indépendance énergétique autant que sur notre balance commerciale.

Action Happy End #17

Raccorder nos besoins en énergie (transports, industrie, bâtiments) au réseau électrique.

18

Rendre le métier d'agriculteur attractif

LES NOUVELLES FERMES
(NOUVELLE-AQUITAINE)

C'est l'histoire de quatre gars et une fille qui voulaient devenir agriculteurs, tout en pouvant continuer à aller boire des coups le soir avec leurs copains. Cinq amis se considérant comme des entrepreneurs responsables, qui décident en 2020 de s'associer pour redonner vie à un savoir agricole ancestral, l'aquaponie. Ils sont jeunes, plutôt urbains, ont eu quelques expériences assez différentes dans des entreprises classiques, et souhaitent désormais changer de vie ! C'est à Lormont, en périphérie bordelaise, qu'ils se sont lancés dans la construction de leur première ferme, avant d'en bâtir récemment une seconde, plus importante, pas très loin, à Mérignac.

Déjà utilisée par les Aztèques et les Chinois, l'aquaponie consiste à allier la culture des plantes avec l'élevage de poissons. Nos cinq néo-agriculteurs ont répliqué les mêmes méthodes, pour ce qui est aujourd'hui la plus grande ferme en aquaponie de France. Sous une grande serre de 5 000 m^2, salades, aromates et autres fruits et légumes sont tous alignés de manière très rapprochée et cultivés hors sol. La terre est ainsi remplacée par un simple substrat. Mais pour que cela fonctionne, les plantes ont tout de même besoin de nutriments équivalents à ceux présents naturellement dans la terre. À première vue, elles semblent pourtant simplement alimentées par de l'eau provenant d'un aquarium où cohabitent des truites. C'est là que réside tout le secret : les déjections des truites servent d'engrais naturel pour tout faire pousser ! Des panneaux solaires recouvrent le toit de l'aquarium, pour ces poissons qui préfèrent être dans le noir, tout en permettant d'apporter 50 % des besoins énergétiques de l'exploitation.

Avec un demi-hectare de ferme, ce sont 20 000 salades par semaine que nos cinq amis sont capables de produire, soit 1 % des besoins de la métropole bordelaise. En termes d'impact environnemental, c'est l'équivalent de 4 piscines olympiques d'eau économisées, pour la même quantité produite, et pour dix fois moins de surface exploitée ! L'avantage de la serre réside dans le fait que les cultures peuvent résister jusqu'à 45-50 °C, et donc aux canicules récurrentes que nous traversons. Du circuit ultra-court, ultra-frais, directement distribué dans les supermarchés de l'agglomération, sous une marque locale et pour un prix tout à fait compétitif. Au début du XXe siècle nos villes étaient entourées de couronnes maraîchères, destinées à alimenter la population. Avec l'étalement urbain, tout cela a disparu. Nos néo-agriculteurs tentent de faire revivre ce modèle et souhaitent désormais s'implanter dans toutes les grandes métropoles françaises. Bien sûr, il ne s'agit pas de tourner le dos aux campagnes, qui ont plus que jamais un rôle prépondérant à jouer dans notre souveraineté alimentaire, mais plutôt d'optimiser notre consommation d'énergie, de terre et nos habitudes de consommation.

*
* *

Le secteur agricole pèse de tout son poids dans les émissions de GES puisqu'il est responsable de 20 % d'entre elles. Mais il ne fait pas qu'émettre, il subit aussi. De tous les secteurs, c'est certainement celui que le dérèglement climatique touche le plus : sécheresses, précipitations, inondations, tempêtes, maladies… La France reste un grand pays agricole : le blé, la betterave à sucre, le maïs, l'orge et le lait y sont produits en quantité [1]. Les pratiques intensives du XXe siècle cependant se sont peu à peu retournées contre nous : à titre d'exemple, selon l'ADEME, nous sommes le premier émetteur d'ammoniac en Europe [2]. Outre la pollution des eaux, on pourrait aussi évoquer pêle-mêle l'impact des herbicides, insecticides et autres fongicides sur la nature et la santé voire l'épuisement des sols. En outre, les surfaces consacrées à l'agriculture et à l'élevage se sont réduites de 17 % entre 1960 et 2020 chez nous [3]. Ce sont donc toutes les pratiques du secteur qu'il s'agit de revoir.

Les émissions proviennent à 45 % de l'élevage, notamment via le méthane des animaux, à 42 % des cultures végétales, qui rejettent surtout du protoxyde d'azote (N_2O), et à 13 % de la consommation des engins agricoles ou du chauffage des serres. Pour les faire baisser, il faudra commencer tout simplement par produire moins. The Shift Project envisage « **une diminution d'un tiers de la production de lait et d'œufs, une division par deux des produits de la pêche et une division par trois des productions de viande**[4] », **et substituer notre apport en protéines et la nourriture de certains animaux par d'autres produits à base d'insectes, d'algues ou de champignons.**

Cette évolution devra s'accompagner d'une autre baisse : celle du gaspillage. Elle ne pourra pas se faire sans une modification des habitudes alimentaires des Français. Elle s'accompagnera également de pratiques plus sobres, comme nous y invite l'agriculture de précision. Les solutions sont connues et déjà utilisées dans le monde entier.

En travaillant sur des exploitations de vingt-quatre pays africains en conversion ou déjà bio, des chercheurs de l'ONU ont ainsi montré une hausse de la productivité entre 116 % et 128 % après quelques années de culture[5]. Plus près de nous, en Europe, seules 9 % des surfaces agricoles sont cultivées en bio (et 7,7 % en France)[6]. La Commission européenne a fixé un objectif de 25 % en 2030. Il faudra donc faire feu de tout bois : polyélevage, polyculture, culture intercalaire, sylvopastoralisme, agroforesterie multi-strates, rotation des cultures, association de cultures… Et plutôt que le PIB, nous pourrons mesurer le PPB (produit photosynthétique brut), comme le propose Mathieu Calame[7], afin de connaître nos efforts à faire sur la biomasse, et régénérer nos écosystèmes.

L'agriculture intensive n'aura été qu'une parenthèse malheureuse dans l'histoire du secteur, les monocultures céderont la place à la diversification des productions. Pour mémoire, depuis le début du XXe siècle, 75 % des fruits, légumes et céréales ont disparu et seules 150 à 200 espèces végétales comestibles sont semées sur les 250 à 300 000 connues [8]. Les exploitations de plusieurs centaines d'hectares (6 % aujourd'hui mais 26 % de la surface agricole [9]) disparaîtront au profit d'exploitations à taille humaine (celles de moins de 20 hectares ne totalisent encore que 4 % de la surface). La bonne nouvelle est que nous savons faire ; il s'agit donc là clairement de volontarisme politique. Et en aucun cas d'un retour en arrière à des sociétés agraires d'un autre temps, qui ne font rêver personne.

Cela nécessitera non seulement de former toute la population des agriculteurs mais aussi de redorer l'image de la profession, d'embaucher massivement afin d'accompagner cette transition, de faciliter la création de nouvelles exploitations (100 00 exploitations ont fermé depuis 2010) et d'assurer un revenu minimum. En outre, qui dit embauche ou création dit tension en termes de rentabilité. Le soutien financier des pouvoirs publics (aussi bien l'État français que la politique agricole commune de l'Union européenne dont les critères ne sont guère favorables au modèle bio) devra donc être conséquent et pérenne. Au total, l'institut Rousseau chiffre à **près de 20 milliards par an le montant de ces aides** [10]. Avec, en bout de chaîne,

l'instauration d'une TVA réduite sur les produits issus de l'agriculture biologique et de l'agroécologie couplée à une taxe supplémentaire sur certaines viandes.

Enfin, sur le volet énergétique, la décarbonation du secteur pourra prendre une allure particulière compte tenu des ressources disponibles. Évidemment, il ne s'agira pas de créer des conflits d'usage entre des terres réservées aux biocarburants et d'autres à l'alimentation. Il s'agira plutôt d'exploiter les déchets agricoles (paille, canne à sucre, arachide, noix de coco…) et les déchets des industries de transformation du bois pour produire de la biomasse par combustion dans des usines d'incinération, ou de transformer en biogaz par fermentation le fumier et le lisier d'animaux via le procédé de méthanisation. À ces techniques déjà bien implantées qui ne demandent qu'à se développer s'ajoutent des approches plus récentes telles que l'agrivoltaïsme qui consiste à coupler projets agricoles et installation de panneaux photovoltaïques, à condition bien sûr que l'un ne se déploie pas au détriment de l'autre [11].

Symbole de nos territoires, les forêts méritent aussi toute notre attention. Au niveau mondial, près de 8 millions d'hectares de forêts ont été rasés entre 2010 et 2018. Mais comme d'autres ont aussi été replantées, les pertes nettes se montent à environ 3 millions [12] (plus ou moins l'équivalent de la région Provence-Alpes-Côte d'Azur). L'expansion des terres cultivées explique pour moitié ce drame : la culture du palmier à huile est à elle seule responsable de 7 % de la déforestation. Il se produit surtout en Afrique et en Amérique du Sud, dans des zones tropicales où la forêt joue un rôle régulateur essentiel. Et en France ? La forêt se porte bien, merci. Elle gagne 80 000 hectares par an. Mais le dérèglement climatique la touche de plein fouet et de nombreuses espèces sont fragilisées [13]. Pourtant, aux yeux de beaucoup, on ne pourra se passer de forêt si l'on veut capter le carbone résiduel. Son entretien est donc essentiel et c'est au secteur privé qu'il échoit puisqu'il possède 75 % de la forêt française et que les effectifs de l'Office national des forêts (ONF) ont décru de 13 à 8 000 agents en vingt ans.

Action Happy End #18

Garantir un revenu minimum pour tous les agriculteurs.

19

En finir avec le mythe du recyclage

PELLENC ST (SUD)

Nichée au cœur de la Provence, cette entreprise fondée en 1973 a pendant longtemps fabriqué des machines agricoles pour les viticulteurs de la région. C'est lors d'une visite d'un centre de tri d'ordures, où il est révolté par les conditions de travail, que le fondateur Roger Pellenc a eu l'idée de révolutionner le secteur de la gestion des déchets. Son innovation : utiliser les technologies de ses machines pour réinventer le système du tri en l'automatisant au maximum. Lancée en 2001, cette activité n'a cessé de grandir au sein du groupe de Roger, qui a dû beaucoup investir dans la recherche et le développement, pour concevoir des outils toujours à la pointe. Et ce dans un monde qui ne cesse de créer de nouveaux emballages toujours plus complexes à caractériser et *a fortiori* à recycler.

Pellenc ST est indubitablement le pionnier du tri optique. C'est sur un tapis lancé à 4,5 mètres par seconde que sont déversés nos déchets ménagers dits recyclables (ceux de notre bac jaune). Ils défilent à une vitesse folle jusqu'à pénétrer à l'intérieur d'une machine qui en une fraction de seconde reconnaît la matière, et les redirige via un système de soufflerie vers un autre tapis correspondant à la matière, la forme, la couleur du rebut. Plus de 400 différents critères peuvent être sélectionnés grâce à un spectromètre, mais aussi par le biais d'une intelligence artificielle. Cela permet notamment de distinguer les matériaux qui peuvent redevenir des matières premières, et ceux qui ne sont pas recyclables. Les machines de Pellenc ST ont ainsi un degré d'efficacité de près de 98 %, lorsque l'on sait que seuls 10 % des emballages dans le monde sont correctement recyclés ! L'entreprise a d'ailleurs inauguré à Madrid une machine capable de recycler le textile, parent oublié du tri, permettant de distinguer des matières comme le coton, le polyester ou encore l'élasthanne.

Les 250 salariés de Pellenc ont vu leur activité grandir très fortement, la demande mondiale pour leur technologie évoluant fortement au gré des différentes réglementations. Pellenc ST est aujourd'hui leader du secteur en France, en Italie, en Australie ou même au Japon. Dernière invention en date : utiliser un marqueur, une sorte de code-barres numérique invisible, inséré dans les matières, afin qu'elles soient automatiquement détectées par les machines et adéquatement triées. Malgré les directives européennes imposant dès 2025 un taux de recyclage minimum de 30 % du plastique de type PET (contre 15 % aujourd'hui), le combat contre la production et la pollution du plastique est loin d'être gagné.

La circularité n'est que de 14 % en global et l'empreinte environnementale n'est aujourd'hui pas tenable. Le chemin de la décarbonation des emballages passera nécessairement par de l'évitement (*a minima* un quart de réduction nécessaire), de la substitution (par le carton notamment) et par la nette amélioration des technologies de recyclage. Il y a aujourd'hui beaucoup trop d'incinération et de décharges par rapport à tout ce qui pourrait être valorisé !

*
* *

L'industrie française est responsable de 20 % des émissions de GES mais tous les secteurs n'ont pas le même poids sur les épaules : l'industrie lourde (chimie, métallurgie et construction) émet environ 75 % de ces GES tandis que l'industrie manufacturière (automobile, cosmétique, alimentation, machines...) se contente de 25 %, même si son rôle de donneur d'ordre n'est pas à négliger [1].

Cela fait déjà plusieurs décennies que les usines s'efforcent de réduire leur consommation énergétique et donc leurs rejets. De fait, la baisse des émissions est nette : de plus de 140 Mt CO_2 eq. en 1990 à moins de 80 aujourd'hui [2]. Cependant, elle ne peut être détachée des délocalisations qui ont émaillé la période et, donc, des importations de matériaux et de produits finis, pour lesquelles les émissions ne sont pas quantifiées. En réalité, l'effort à fournir sera soutenu car la Stratégie nationale bas carbone fixe un plancher à 16 Mt

CO_2 eq. en 2050. Il portera sur quatre axes : la baisse des émissions liées à la consommation d'énergie, la baisse des émissions liées aux procédés, la baisse des quantités de matières utilisées et l'amélioration de la filière réparation-recyclage-réemploi.

La baisse des émissions ne sera possible qu'en revisitant la fourniture énergétique. L'hydrogène décarboné, qu'il soit vert ou blanc, apparaît comme une des solutions les plus évidentes mais son coût risque de freiner les ardeurs. La biomasse issue de la forêt, des cultures ou des déchets pourra être utilisée dans la chimie, l'agroalimentaire ou le ciment mais dans des proportions limitées compte tenu des besoins agricoles. Il s'agira donc en priorité d'électrifier les procédés en remplaçant des moteurs et des chaudières aujourd'hui à base d'énergies fossiles. Enfin, la récupération de ce que l'on appelle la « chaleur fatale » constituera un véritable défi. La chaleur fatale, c'est cette production de chaleur dérivée d'un site de production qui n'en constitue pas l'objet premier. Elle est donc en général tout simplement perdue. Selon l'ADEME [3], elle correspondrait à 36 % de la consommation de combustibles dans l'industrie.

Mais revoir les exigences en termes énergétiques peut aussi vouloir dire revoir les produits eux-mêmes. Ainsi, réduire les fluides frigorigènes à l'horizon 2050 serait tout simplement une des dix actions les plus efficaces pour le climat [4]. Utiliser des ciments alternatifs arrive aussi dans le top 50 des solutions. Pourquoi le ciment ? Parce qu'il représente 10 % de la masse du béton mais 98 % de ses émissions [5]. C'est notamment la fabrication du clinker qui en est responsable dans la mesure où la combustion du calcaire à 1 450 °C en libère énormément. Nous avons vu les Ciments Hoffmann, mais la recherche progresse aussi ailleurs : Will Srubar, chercheur à l'université du Colorado, fait pousser des plantes qui absorbent du CO_2 et produisent du carbonate de calcium, le principal composant du calcaire, qui peut alors être utilisé dans le béton. En attendant que ces innovations s'installent sur le marché, sans doute faudra-t-il ajuster l'usage du ciment et du béton en les cantonnant aux fondations, aux ponts et aux routes. Ce qui demandera, en retour, de faire monter en charge la filière bois, qui devra prendre le relais sur le bâtiment notamment.

Pour impulser ce mouvement, l'État encourage la création de ZIBAC ou zones industrielles bas carbone. Fos-sur-Mer, Dunkerque et Le Havre ont déjà lancé leurs études d'ingénierie et de faisabilité de décarbonation de leurs zones industrielles. Cela dit, ce qui est vrai pour le ciment l'est aussi pour toute l'industrie : il ne suffira pas de décarboner la consommation d'énergie et les procédés, il faudra aussi jouer sur la demande pour réguler la production (cf. baisse des constructions neuves, baisse du nombre de véhicules…).

Si un certain nombre de secteurs réduiront la voilure, si d'autres procéderont à des relocalisations, certains prendront un nouvel essor. La production de batteries en fera partie [6]. Dans une France électrifiée, elle apparaîtra en effet comme un atout majeur. Évidemment, il ne s'agit pas de relocaliser l'extraction de minerais qui reste affreusement consommatrice d'énergie et d'eau (la production de carbonate de lithium au moyen de saumures entraîne l'évaporation d'environ 2 millions de litres d'eau pour une tonne de lithium[7]). Cette ambition devra relever d'une politique industrielle volontariste et « être adaptée à la demande à laquelle elle souhaite répondre tout en intégrant des critères de priorité à la résilience et à l'emploi territorial[8] ».

Le sujet des batteries nous conduit tout naturellement à envisager celui du recyclage, vaste fumisterie contemporaine, qui nous fait dire que la transition industrielle n'a pas vraiment commencé. En 2022 au niveau mondial, à peine 7,2 % de l'économie est circulaire[9]. Et la tendance n'est pas encourageante : le chiffre était de 9,1 % en 2018 ! On prélève aujourd'hui beaucoup plus qu'on ne recycle. On extrait aujourd'hui deux fois plus de matière qu'en 2000, soit environ 100 milliards de tonnes. Sur cette quantité, les matériaux non renouvelables ou non circulaires et la biomasse non renouvelable se montent à 33,4 %[10].

Ce qui signifie aussi que les deux tiers des matériaux extraits pourraient faire l'objet d'un recyclage ! Ils sont dès aujourd'hui techniquement recyclables (matériaux de bâtiment, nourriture…). Par ailleurs, pour le tiers restant, il n'est pas dit qu'il ne sera pas possible de recycler ; c'est juste que nous n'avons pas encore développé les technologies nécessaires. Là aussi il s'agit d'un gisement d'investissements importants, créateur d'opportunités économiques.

Certes, tout ne pourra sans doute être réutilisé ; c'est donc vers des stratégies d'évitement qu'il nous faudra également nous diriger. On ne peut pas tout recycler à l'infini, et en l'état actuel des choses ce n'est pas seulement par le recyclage qu'on réussira à verdir l'économie. On mesure ici toute l'étendue de la transformation qui attend l'industrie au niveau mondial. Et qui constitue finalement un élément positif, car nous avons les clés en main pour réussir la décarbonation de l'industrie. Il s'agit là de choix purement politiques portés par une vision forte.

En France, 15 % des intrants en matières premières transformées proviennent du recyclage [11]. Nous avons donc nous aussi une filière complète à développer. Les investissements dans la filière recyclage étaient de 625 millions d'euros en 2019, quand les recettes publicitaires atteignaient 15 milliards d'euros ! On nous pousse à toujours plus consommer, sans véritablement se préoccuper du gâchis et de la pollution que cela engendre. Il y a quelque chose qui ne tourne pas rond. Augmenter la durée de vie des produits par la réparation et le réemploi est un préalable indispensable. Demain, il devra être impérativement plus intéressant de faire réparer son smartphone ou son lave-vaisselle que d'en acheter un neuf. Cela dit, le consommateur n'est pas la solution à tous les problèmes. Les industriels devront surtout faire évoluer leurs pratiques, quitte à revenir en arrière : avant de devenir jetables dans les années 1960, tous les masques des personnels soignants étaient lavés, stérilisés et réutilisés. **Offrir une seconde vie et le recyclage qui va avec devra devenir la norme de toute commercialisation de produit.**

Du côté des industriels, justement, les intentions sont là : 36 % ont déjà intégré cette dimension dans leur stratégie [12]. Mais pour beaucoup, cela commencera par revoir la mission de leur entreprise puis par circulariser l'ensemble de leur modèle (modèle économique, flux industriel et jusqu'au design des produits). Heureusement, le jeu en vaut la chandelle et ils en sont conscients : 85 % s'accordent à y voir une réelle opportunité économique. En plus des efforts considérables en termes d'utilisation d'énergie, il faudra donc d'ici 2050 pouvoir effectivement recycler les deux tiers des déchets ménagers et industriels pour réussir la décarbonation.

Action Happy End #19

Faire de la seconde vie et du recyclage la norme pour toute nouvelle commercialisation de produit.

20

Repenser le transport de marchandises

MANNA (IRLANDE)

Bobby a grandi dans la banlieue de Dublin. Ce *geek* a exercé plusieurs métiers, de programmateur à créateur de jeux vidéo, en passant par entrepreneur dans la tech. Il a eu plusieurs vies et s'est toujours passionné pour ce qu'il faisait. Un jour, il s'est intéressé de plus près aux drones. Il en avait un à la maison, mais voulait comprendre comment ça marchait. Pas si compliqué à fabriquer, s'est-il rapidement dit. L'idée lui est alors venue de fabriquer son propre drone, et très vite il a pensé à se lancer dans le service de livraison à domicile. Manna (« la manne » en français), en référence au passage de la Bible où Dieu donne de la nourriture depuis le ciel, naît en 2018. Ce qui semblait il y a peu de temps être encore de la science-fiction existe déjà en Irlande. Et l'Union européenne vient récemment d'autoriser l'ouverture de l'ensemble de son espace aérien à tous ceux qui voudraient livrer par drone !

L'entreprise de Bobby est installée sur le toit d'un parking d'un centre commercial de Balbriggan, une ville de 35 000 habitants de la métropole dublinoise. C'est de là que décollent en continu 5 drones d'1,8 mètre de diagonale pouvant contenir jusqu'à 3,5 kg de marchandise. Avec leurs 18 km d'autonomie de batterie, les va-et-vient s'enchaînent dans un rayon de 5 kilomètres. Manna, c'est une application comme UberEats ou Deliveroo, il y a des commerçants référencés (un supermarché, un restaurant, une boulangerie, un fast-food, un libraire...), tous présents physiquement dans le centre commercial duquel partent les drones. Le consommateur fait sa commande en ligne, le commerçant la reçoit et va l'apporter jusqu'au toit. Le sac est directement inséré dans le ventre du drone qui décolle dans la foulée. En moins de 4 minutes en moyenne vous êtes livré, contre 40 minutes à 1 heure sur les plateformes traditionnelles ! Pour réussir une telle prouesse, le drone vole de manière autonome à une hauteur de 50 mètres et à la vitesse de 50 mètres par seconde. Arrivé au point que vous lui aurez indiqué (généralement votre jardin ou un carré de béton devant chez vous), le drone descend automatiquement à 14 mètres et fait glisser le sac, tenu par une pince, à l'aide d'une ficelle. Une fois le sac à terre, la pince le lâche et la ficelle se rembobine, avant que le drone reparte directement pour une nouvelle commande.

Sur un week-end, ce sont 320 kg de CO_2, soit 15 arbres plantés, qui sont évités. Le drone n'émet pas de carbone, mis à part lors de son processus de fabrication, et l'électricité utilisée provient d'énergies renouvelables. En termes de sécurité, tout est régulé par les agences nationales et européennes de l'aviation. En cas de problème, les drones sont équipés de parachutes pour amortir la chute. Ils peuvent être utilisés quasi par tous les temps, en particulier en Irlande qui se targue d'avoir les quatre saisons en l'espace d'une journée. De jour comme de nuit, le drone ne filme jamais rien et n'enregistre pas les données, ce que craignaient un peu les habitants de Balbriggan au départ. Ils sont près de la moitié à utiliser le service aujourd'hui pour un coût de 2 à 5 euros par livraison, ce qui est beaucoup moins cher que les plateformes traditionnelles, qui ont de nombreux coûts cachés pour le consommateur. Quand on dit à Bobby que des emplois vont disparaître à cause de ses drones, d'un air bravache, il vous répond qu'il en est justement très fier ! Des jobs aussi mal payés, sans protection sociale, où on prend des risques insensés pour sa vie pour tenir la cadence, il n'en veut pas, c'est aux drones de faire le boulot.

*
* *

De tous les secteurs, c'est celui des transports qui occupe la première place des émissions de GES : environ 30 %, répartis aux deux tiers côté passagers et un tiers côté marchandises. Mais ce qui fait de lui le vrai mauvais élève de la classe, c'est qu'il n'a pas réduit ses émissions depuis trente ans [1]. Notamment parce que la route a peu à peu supplanté tous les autres modes de déplacement, aussi bien côté particuliers que côté professionnels.

C'est pourquoi le premier levier d'action porte sur la voiture. Si elle continuera d'avoir une place de choix dans notre environnement, il y en aura cependant beaucoup moins. Et surtout, toutes seront électriques. En effet, même si la voiture électrique est plus émettrice de GES sur la phase de production du véhicule, notamment à cause des batteries, **le GIEC est formel : « Les véhicules électriques alimentés par de l'électricité bas carbone offrent le principal potentiel de décarbonation des transports terrestres, en analyse de cycles de vie**[2]**.** » Et la France offre justement cette électricité massivement décarbonée. Aujourd'hui, un tiers des voitures vendues sont électriques (12 % totalement électriques et 21 % hybrides). Mais par rapport au parc automobile total, on ne compte qu'1 % de véhicules électriques parmi tous ceux en circulation en France. Des efforts colossaux sont donc à fournir dans les années à venir, en termes de remplacement (80 % des véhicules aujourd'hui appartiennent à des particuliers). Aux primes à la conversion s'ajouteront des prêts bonifiés accordés aux ménages les moins aisés pour remodeler plus vite le visage du parc français. Les stations à essence, devenues obsolètes, seront toutes munies de bornes de recharge ultra-rapide, ce qui exigera un équipement sur tout le territoire. Or, en 2020, on ne comptait que 500 000 points de recharge ; il en faudra quinze fois plus à l'horizon 2030[3].

Le fret quant à lui passera beaucoup moins par la route que par le train ou les fleuves. Pour décarboner le transport par bateau, pas moins de 2,7 milliards d'euros seront nécessaires chaque année [4]. Quant au ferroviaire, l'État prévoit de doubler sa part dans le transport de marchandises à l'horizon 2030. Son impact sera immédiat : « Un train de marchandises équivaut à 40 poids lourds de 40 tonnes, ce qui permet d'émettre onze fois moins de CO_2 par tkm [5]. » Nul besoin de rajouter des lignes, elles sont déjà existantes puisque la part du train dans le fret était cinq fois supérieure il y a cinquante ans [6]. Leur exploitation ne demande qu'à être adaptée et optimisée, notamment en accordant au fret davantage de « sillons » sur les lignes.

Le transport de conteneurs nécessite aussi des terminaux combinés où ceux-ci peuvent être basculés du train au camion ; ainsi, quinze plateformes intermodales devront voir le jour pour un investissement de 10 milliards d'euros [7]. Des « aides à la pince », subventions versées lors du changement de mode de transport d'un conteneur, minimiseront le coût de la rupture modale. Des aides en faveur du « wagon isolé » permettront de toucher de nouveaux clients : à part les grands groupes en effet, rares sont les entreprises en mesure d'affréter un train complet. Pour concurrencer la route, le ferroviaire doit donc faciliter l'association de wagons isolés et composer des trains multiclients, logistique complexe que seul Fret SNCF peut assurer aujourd'hui. En outre, les fournisseurs d'énergie pourront intégrer des opérations de report modal dans les certificats d'économie d'énergie destinés aux entreprises et leur offrir ainsi de substantielles économies financières.

On le voit à la lecture de ces quelques aides pour le développement du fret ferroviaire [8], **le doublement de**

la part du train dans le transport de marchandises ne pourra être atteint qu'en renversant le modèle adopté depuis des décennies en Europe : les bénéfices accordés aux poids lourds (type avantages fiscaux sur le gazole) doivent tous être remplacés par des avantages en faveur du train. Certes, le transport routier en France, avec ses 32 000 entreprises et 47 milliards de chiffre d'affaires, ne présente pas la même physionomie que le rail et ses 20 entreprises (d'autant que 58 % des trains-km sont réalisés par l'opérateur historique Fret SNCF), mais l'impératif de décarbonation doit ici primer sur l'idéologie de marché.

Ce retour en grâce du train décongestionnera en partie les routes et autoroutes où continueront malgré tout à circuler des camions électrifiés autonomes pratiquant le *platooning* (circulation en file indienne) avec un conducteur en tête de peloton [9]. Cela dit, les gains en termes d'externalités resteront relativement faibles (comparés à ceux liés aux baisses des coûts de personnel et aux investissements requis en infrastructures).

Le dernier kilomètre sera l'affaire de la cyclologistique dans des villes qui auront fait le maximum pour bannir l'accès aux camions. Grâce aux triporteurs et autres cargocycles, la consommation d'énergie par tkm sera divisée par 10 (par rapport à un véhicule léger électrique) [10]. Les villes devront s'y adapter et offriront des hubs en périphérie pour faciliter les transferts de marchandises et des espaces dédiés en plein centre. Ces évolutions, parfois majeures, se déploieront à une époque où la vitesse ne sera plus, espérons-le, le critère déterminant de toutes les innovations. La qualité des prestations ou leur niveau de précision auront supplanté le couple rapidité/coût comme variables d'évaluation. Quant à leur respect de l'environnement, s'il ne fera plus partie des critères, c'est qu'il sera devenu si incontournable qu'on n'imaginera plus la possibilité d'un transport carboné. Alors, nous aurons gagné.

Action Happy End #20

Doubler la part du train dans le transport de marchandises, notamment en réorientant les aides pour les poids lourds.

21

Endiguer la guerre des métaux

WEEECYCLING (NORMANDIE)

Depuis toujours, Serge s'intéresse à l'environnement et à sa complexité. Cet ingénieur de formation s'est d'abord spécialisé dans le domaine de l'eau, au sein d'un grand groupe spécialisé. Après dix ans, il en a eu marre du fonctionnement d'une grosse structure, et l'envie de monter son entreprise a commencé à le démanger. C'est dans le secteur des déchets, notamment les déchets d'équipements électriques et électroniques (appelés D3E dans le jargon), qu'il perçoit une opportunité. En effet, quand nos vieilles télés ou nos ordinateurs partent à la poubelle, ils sont traités dans des grands centres pour être remis en état ou pour être recyclés. Mais tout n'est malheureusement pas recyclé, les produits étant de plus en plus complexes, et en particulier les métaux qu'ils contiennent. Serge commence par créer une première entreprise de négoce en 2008, pour revendre les matières premières contenues dans les cartes électroniques, lecteurs ou autres ordinateurs. Pour cela il s'installe en Normandie, près du Havre, lui qui commençait à en avoir marre de Paris. Depuis son chariot élévateur, avec son stagiaire (qui est aujourd'hui son directeur général), il collectait et revendait lui-même les composants informatiques.

Quelques années plus tard, il veut aller encore plus loin. Ses déchets ont bien plus de valeur, pense-t-il, car ils contiennent ce qu'on appelle des métaux stratégiques, fondamentaux pour les industriels français (comme le cuivre, l'argent ou encore les platinoïdes). Alors, à coups de R&D et de rachats d'entreprises dans la chimie et le traitement thermique, Serge développe un savoir unique pour bien affiner le recyclage de ces métaux. En 2019, WEEECycling est créé pour extraire tous les métaux stratégiques possibles, non plus seulement à partir des déchets électroniques mais de plein d'autres sources, comme les moteurs ou les pots catalytiques du secteur de l'automobile. Son idée est de créer une véritable circularité où un industriel partenaire utiliserait les matières premières que WEEECycling aura recyclées, à partir des déchets des produits de ce même industriel… Des entreprises comme Orange ou STMicroelectronics ont des accords-cadres avec la structure de Serge. Ce sont ainsi plus de 10 000 tonnes de déchets qui sont traitées chaque année, dont 30 % deviendront des métaux stratégiques, 40 % du plastique revendu à des usines, et 30 % des métaux communs (comme la ferraille ou l'aluminium) rachetés par exemple par des aciéries.

WEEECycling est ainsi le premier acteur au monde à créer des métaux à 100 % issus de produits recyclés.

Le prix de vente est fixé par la Bourse de Londres, comme pour n'importe quel producteur de métaux. Sauf qu'en matière d'empreinte écologique, c'est loin d'être similaire. Le secteur de l'extraction minière représente 2 % des émissions de CO_2 dans le monde, l'équivalent du transport aérien. Pour 1 kg de métal à extraire, il faut plus de 2,3 millions de litres d'eau, contre seulement 40 litres via le recyclage. Serge réussit à éviter 95 % d'émission de CO_2 grâce à sa technologie ! Les fours de fusion de WEEECycling engloutissent des quantités impressionnantes de cartes électroniques, qui après être devenues des granules permettent de dissoudre un métal après l'autre grâce à la chimie. Aujourd'hui installés dans les anciennes usines de Bacardi sur bientôt plus de 25 000 m^2, l'entreprise normande se développe aussi à l'étranger, où de nouveaux sites sont prévus. Les déchets aujourd'hui ne sont pas encore assez recyclés, il reste beaucoup de marge de progression. Si certaines filières comme les déchets électroniques peuvent beaucoup mieux faire, d'autres comme celles des pièces détachées de l'automobile sont carrément des filières douteuses qui servent au blanchiment d'argent, quand tout ça ne termine pas dans une décharge d'un pays en développement…

*
* *

L'écran tactile de notre smartphone est une petite merveille de technologie : plus besoin d'enfoncer un bouton comme sur les premiers téléphones mobiles, plus besoin d'appuyer sur l'écran comme dans les smartphones de première génération, une légère pression suffit pour exaucer nos souhaits. Cet exploit vient de la présence d'un mince film composé d'oxyde d'indium-étain. Si l'étain, connu depuis l'Antiquité, majoritairement extrait en Asie (Chine, Indonésie, Birmanie) et en Amérique du Sud (Pérou, Brésil), est encore très présent dans nos sols, il n'en est pas de même pour l'indium. Découvert en 1863, ce métal est beaucoup plus rare et sa production 300 fois moindre (300 000 tonnes d'un côté, 920 de l'autre). Doit-on dès lors s'inquiéter de ne plus avoir de smartphones en 2050 ?

La révolution verte dont nous avons besoin pour décarboner notre économie consiste en grande partie à substituer les énergies fossiles avec des technologies qui ont besoin de précieux métaux pour fonctionner (aussi bien pour une voiture électrique, une éolienne ou un panneau solaire).

Dans l'édition du 25 février 2023 du quotidien régional *La Voix du Nord*, le journaliste Sami Chebah racontait sa mésaventure : d'un coup de meuleuse, il s'était fait voler le pot catalytique de sa voiture. Au commissariat comme au garage, on lui tient le même discours : « C'est un grand classique ! » Palladium, platine, rhodium, autant de métaux précieux présents dans un pot catalytique qui attirent les convoitises. Car à plusieurs dizaines, voire centaines d'euros le gramme, l'affaire peut s'avérer juteuse.

Le marché des métaux serait-il si tendu ? Allons-nous être à court prochainement ? Il est en réalité très difficile de le dire, et ce, pour plusieurs raisons. La première est que l'on ne dispose pas de bases de données ouvertes, fiables et sur le long terme concernant les réserves de métaux. Impossible donc d'anticiper un éventuel pic prochain. La seconde est que tous les métaux ne font pas l'objet de la même attention et que les besoins ont fortement varié au fil du temps (les dérivés du platine sont ainsi récemment devenus très recherchés). La troisième est que les technologies d'exploration et d'extraction évoluent tandis que les prix augmentent, si bien que des gisements hier non rentables peuvent le devenir demain. Un exemple ? Vers 1900, on estimait les réserves de cuivre à 52 millions de tonnes, soit environ 50 ans au rythme d'extraction de l'époque. Après 110 ans d'extraction, on les estimait à 1 236 millions de tonnes, soit environ 36 ans [1].

Si l'on en croit les travaux de l'ingénieur Jean Laherrère [2], rares seraient les minerais dont le pic de production aurait déjà été dépassé. Parmi ceux-ci, il cite l'uranium, le zinc ou le plomb voire l'argent. Rien ne dit en tout cas que nous manquerons des métaux les plus sensibles dans la phase de transition vers une économie décarbonée (à l'exception peut-être du cobalt, utilisé dans les batteries, dont le pic est prévu à l'horizon 2030). En outre, les terres rares, ce groupe de dix-sept métaux utiles dans de nombreux composants électriques (aimants, pots catalytiques, diodes…), ne sont non seulement pas si rares que ça et pas toutes essentielles dans l'optique de la décarbonation de nos activités, ou peuvent être remplacées par des substituts efficaces. Ce qui est moins vrai pour les smartphones, mais c'est un autre problème, moins lié à la décarbonation.

Les vrais sujets des minerais sont à chercher ailleurs, dans leur prix, leur origine et l'impact environnemental de leur extraction. Leur prix, tout d'abord. Traditionnellement, le prix des matières premières connaît une tendance à la baisse sur le long terme. Mais si l'on prend celui des terres rares, par exemple, il a explosé ces dernières années. En fait, il est victime d'une grande variabilité. Les fluctuations de l'offre et de la demande jouent, bien sûr, mais ce sont surtout « les anticipations des agents et les dynamiques spéculatives des marchés financiers qui exacerbent à la hausse comme à la baisse la fluctuation des cours. Quelle qu'en soit l'origine, cette volatilité des cours n'est pas sans conséquence macroéconomique pour les pays producteurs [3] ». Il y a donc une forme de décorrélation entre l'état des réserves, l'état des besoins à l'instant t et les prix des matériaux. Ce qui ne sera pas sans conséquence sur leur disponibilité.

Le deuxième point épineux, c'est celui de leur origine. Aujourd'hui, la Chine exploite par exemple 86 % des terres rares extraites dans le monde, 89 % du magnésium, 80 % du bismuth, du gallium et du germanium [4]. En fait, les matières premières que l'on appelle « critiques » comme celles-ci ont une production d'une part très concentrée et d'autre part quasi systématiquement hors d'Europe. Cette dépendance est une vraie source de tensions potentielles dans les années à venir, tant sur le plan économique que géostratégique, comme aujourd'hui les énergies fossiles avec des pays comme la Russie ou les États du Golfe. Certains craignent ainsi qu'on ne troque notre dépendance aux pays pétroliers et gaziers contre une autre auprès des grands pays producteurs de métaux, la Chine en tête. Les métaux seraient devenus une source de puissance et de richesse inestimable.

Enfin, dernier enjeu et non des moindres, celui de l'impact environnemental de l'extraction des minerais. Commençons déjà par rappeler qu'une mine de cuivre, de lithium ou de platine, c'est d'abord une mine de plein d'autres matériaux : on n'y trouve le cuivre qu'à hauteur de 3 à 20 kg par tonne, le lithium à hauteur de 100 g par tonne et le platine à hauteur de 3 à 15 g par tonne [5]. Ce qui signifie que l'énergie dépensée pour l'extraction de ces minerais l'est d'abord pour l'extraction de tout autre chose, ce qui n'est pas un modèle d'efficience. Ensuite, la ressource minérale n'est jamais extraite prête à l'emploi. Il faut pour la rendre exploitable de longs procédés souvent dispendieux en eau et en énergie. Et qui génèrent, à chaque étape, leur lot de déchets. L'industrie minière est ainsi le premier producteur de déchets liquides, solides et gazeux dans le monde, tous secteurs industriels confondus. Et le pire, c'est que cette pollution ne se résorbe pas. Il y a un très fort *dumping* social et environnemental de la part de pays comme la Chine ou la République démocratique du Congo en la matière. On ne peut donc sereinement continuer à extraire des métaux sans scrupule d'un côté et, de l'autre, ambitionner la décarbonation de notre économie. Nous n'avons pas d'autre choix, pour commencer, que de nous tourner vers les acteurs les plus responsables. L'Australie, par exemple, grande productrice d'aluminium, bâtit des centrales électriques photovoltaïques à côté de ses usines de production [6] et porte des ambitions pour de l'extraction plus responsable, tant au point de vue humain qu'environnemental.

À défaut de pouvoir se fournir vertueusement, le mécanisme d'ajustement carbone aux frontières (MACF) que l'Union européenne a mis récemment en place devra aussi s'étendre à tous les métaux afin de « valoriser » l'irresponsabilité de certains producteurs.

À moins qu'à force de regarder la terre, nous n'en oubliions de regarder le ciel. Selon John Lewis [7], mais aussi selon Peter Isherwell, l'entrepreneur milliardaire du film *Don't look up*, un astéroïde, même le plus petit qui soit à proximité de notre planète (3554 Amun, pour le nommer), pourrait résoudre à lui seul tous nos problèmes d'approvisionnements en métaux : du fer ? du nickel ? du cobalt ? du platine ? La bataille du *space mining* est déjà lancée : la ressource extraterrestre serait si abondante que le pari mérite peut-être d'être tenté.

Action Happy End #21

Étendre le mécanisme d'ajustement carbone aux frontières à tous les métaux.

22

Nettoyer le monde

CLIMEWORKS (SUISSE)

C'est l'histoire de deux ingénieurs allemands, passionnés d'alpinisme et ayant fait leurs études ensemble à Zurich. Ils ont pris l'habitude de partir chaque année à Chamonix pour profiter du glacier du Mont-Blanc. Et ils constatent d'eux-mêmes l'effet du réchauffement climatique sur ce glacier, qui fond à vue d'œil. Le CO_2 s'est accumulé au cours des siècles dans l'atmosphère, c'est un défi qu'ils souhaiteraient relever ! Ils fondent Climeworks en 2009 dont le but est d'inventer des solutions pour désengorger l'atmosphère de ce surplus de carbone. C'est en 2015 qu'une première usine verra le jour à Hinwil en Suisse, capable de capter le CO_2 et soit de le transformer en engrais naturel, soit de l'utiliser pour la production des carburants pour avion, ou pour créer des bulles dans des boissons gazeuses. Quelques années plus tard, en 2021, c'est non loin de Reykjavik, en Islande, qu'ils lanceront une nouvelle technologie de captage qui fait aujourd'hui référence dans le monde.

Sur leur site industriel, de grands ventilateurs brassent de grandes quantités d'air, qui entrent en contact avec un filtre. Lorsque ce dernier est saturé, on le fait chauffer pour que seul le CO_2 reste. Il est alors mélangé avec de l'eau pour être injecté dans le sol et s'incruster dans les petites cavités de la roche, créant ainsi de la calcite. Toute l'énergie nécessaire est produite grâce à la géothermie, pour assurer une empreinte énergétique neutre. Mais c'est tout le cycle de vie de l'usine, de sa construction à son démantèlement, en passant par ses opérations, qui a été étudié, avec une efficacité de plus de 90 %. C'est-à-dire que sur 100 tonnes de CO_2, 90 sont définitivement enfouies et 10 sont malheureusement émises pour capter le reste. Leur modèle consiste aujourd'hui à vendre des crédits carbone nets : le dioxyde de carbone est séquestré, et non évité ou transféré d'une entreprise à une autre. Le coût du captage est aujourd'hui encore important, près de 900 euros par tonne, contre 50 euros pour un arbre planté. Mais cela présente l'avantage de rester dans la roche pendant 1 000 ans, quand un arbre meurt au bout de 100 ans et relâche le carbone. Au total, ce dispositif est jusqu'à mille fois plus efficace que de planter une forêt pour la même surface utilisée.

Que les choses soient bien claires : il ne s'agit pas d'une solution miracle pour pouvoir continuer à polluer ! Les quantités de CO_2 que nous avons déversées du fait de nos activités humaines restent dans l'atmosphère, elles s'accumulent. Chaque jour nous en rajoutons un peu (beaucoup) plus. Nos forêts n'arrivent pas à tout absorber, surtout quand les surfaces des forêts tropicales sont décimées par l'homme. Depuis 2022, le GIEC a reconnu le captage direct de CO_2 comme une nécessité pour relever le défi du changement climatique. Des solutions comme Climeworks sont là pour capter les émissions historiques. Il n'en reste pas moins que nous devons parallèlement baisser de plus de 90 % nos émissions de gaz à effet de serre ! Même si on mettait des usines de captage partout, y compris des technologies de captage à la source des usines d'acier et d'aluminium comme on le fait parfois aujourd'hui, cela serait loin d'être suffisant ! Climeworks poursuit en tous les cas son chemin avec la construction d'une nouvelle usine neuf fois plus grande en Islande, ainsi qu'une à Oman et en Norvège, là où les sols sont les plus adéquats pour la minéralisation.

*
* *

La décarbonation a deux grands volets. D'un côté la disparition des émissions de GES, qui vaut pour les émissions directes (celles que l'on produit soi-même, par exemple en chauffant son logement) et les émissions indirectes (celles qui concernent les biens et services dont on profite). **Mais tous les efforts que nous pourrons conjointement cumuler ne suffiront sans doute pas à faire disparaître la totalité de nos émissions. Reste donc, de l'autre côté, des émissions restantes à absorber afin qu'elles ne soient pas rejetées dans l'atmosphère ou qu'elles n'y demeurent pas.** C'est ce qu'on appelle la séquestration du carbone. Selon certains travaux [1], 60 % des émissions de nature anthropique pourraient être captées à la source (40 % au niveau des centrales et des incinérateurs et 20 % dans l'industrie). Cette séquestration prendrait deux formes : soit technologique, soit naturelle.

Trois solutions technologiques ont aujourd'hui la faveur des écologues mais rien ne dit que, dans quelques années, des innovations ne viendront pas améliorer les procédés. Première technique, les procédés dits *biomass to energy with CCS* (BECCS). Lorsqu'un arbre meurt, il libère le carbone qu'il avait stocké durant des années. Lorsque du bois est brûlé, là aussi, du carbone est rejeté. Chaque fois que nous nous installons avec notre tasse de thé devant notre feu de cheminée, la douceur du moment ne doit pas nous faire oublier que nous participons au dérèglement climatique. Heureusement, les procédés BECCS permettent de capter ce carbone « biogénique » issu des fumées de combustion. Ils sont principalement utilisés sur des sites de production exploitant la biomasse comme combustible. Vu le nombre de projets déployés à l'échelle industrielle sur le territoire recensés par l'ADEME, « le CCS est [...] une technologie au degré de maturité suffisamment avancé pour faire partie de l'équation de décarbonation, mais qui ne peut aujourd'hui être retenue comme une solution généralisable de grande ampleur [2] ».

Autre technologie, dévolue quant à elle au secteur de l'industrie lourde (ciment, acier, ammoniac) : le procédé de capture et stockage de carbone (CSC) à la source.

Les gaz émis par les cheminées des usines qui continueront à fonctionner avec des énergies fossiles seraient captés, transportés et enfouis dans des couches géologiques adaptées (gisements d'hydrocarbures étanches, veines de charbon, aquifères salins...). Évidemment, cette option ne doit pas être une incitation à ralentir la transformation des sites industriels. Elle doit également intégrer des mécanismes compensatoires dans la mesure où elle risque d'entraîner une réduction des rendements des usines. Mais la perspective de séquestrer 15 % des émissions de GES en vaut assurément la peine [3].

Aussi séduisante qu'elle paraisse, il ne faut cependant pas trop compter sur cette approche à court terme car, comme le souligne le GIEC, « la mise en œuvre du CSC se heurte actuellement à des barrières technologiques, économiques, institutionnelles, écologiques, environnementales et socioculturelles. Les taux mondiaux actuels de déploiement du CSC sont bien inférieurs à ceux nécessaires pour atteindre les objectifs +1,5 °C ou +2 °C [4] ».

Troisième technologie, le « *direct air capture* » (DAC) que propose Climeworks. Le CO_2 étant réparti uniformément dans l'atmosphère, le DAC se donne pour objectif de le capter directement dans l'air ambiant à l'aide d'installations industrielles dédiées.

L'autre grand moyen de capter le carbone est évidemment de faire confiance à la nature. La préservation des forêts primaires, trop souvent mise à mal comme en Allemagne avec l'extension de la mine de lignite d'Hambach, devrait être une priorité absolue. Mais beaucoup de voix doutent que cela suffise pour absorber la totalité du carbone résiduel et atteindre ainsi la neutralité en 2050. De grands projets de plantations sont donc à l'étude. Non sans provoquer une certaine gêne chez les scientifiques [5]. Il existe en effet de nombreuses études qui minorent l'effet positif de ces forêts. Ainsi en Écosse, l'implantation de bouleaux dans la lande a déstabilisé la flore microbienne locale et provoqué des émissions de carbone. Pire, selon les régions, les forêts pourraient même accentuer le réchauffement ou assécher les terres.

Il y a donc une triple urgence. La première, c'est de diversifier et adapter les espèces sur les projets en cours. La deuxième, c'est d'améliorer nos connaissances sur l'impact des forêts. La troisième, c'est de prendre en compte toutes les autres sources de captation : tourbières (elles concentrent 25 % du carbone des sols de la planète), prairies, mangroves… Le pouvoir captateur de la nature est réel, à condition que nous sachions bien l'exploiter. L'agroécologie et l'agroforesterie sont des outils essentiels pour être à la hauteur du défi qui nous attend. Mais attention, ne nous laissons pas avoir par le marketing de ceux qui nous vendent la plantation des arbres pour compenser nos émissions et nous donner bonne conscience. Une forêt recréée retient quarante fois moins de CO_2 qu'une forêt naturelle [6] !

Enfin, dernier rouage essentiel du système de captation du carbone, l'océan, qui en absorbe plus d'un quart. Il est lui aussi touché par le dérèglement climatique de multiples façons ; à vrai dire, on connaît encore mal les mécanismes en jeu, si bien que les prévisions sur son évolution restent périlleuses. C'est l'eau froide, plus dense, qui absorbe davantage le CO_2 en l'emmenant avec elle au fond des océans. Le réchauffement pourrait donc rendre moins efficace son effet de « pompe physique ». Le bilan carbone des océans est un enjeu de recherche majeur[7].

Dans tous les cas, que l'on mise sur une captation d'origine naturelle ou sur une séquestration via des procédés technologiques, ces actions ne doivent pas constituer le cœur de nos objectifs ! Mais ils font aussi partie de la solution, il est donc important de les mentionner.

Nos efforts doivent aujourd'hui en priorité se tourner vers l'évitement des émissions. La chance que nous avons, c'est que nous savons exactement ce qu'il faut faire et que nous avons une idée assez précise de la façon dont nous pourrons le faire. Nous savons aussi que nous avons les moyens (financiers, humains…) pour le faire. Le « savoir agir » et le « pouvoir agir » se complètent toujours d'un « vouloir agir ». Si nous le voulons vraiment aujourd'hui, 2050 sera une année décarbonée.

Action Happy End #22

Imposer aux industries émettrices restantes de s'équiper de technologies de séquestration du carbone.

Quatrième partie

MIEUX VIVRE EN 2050

« Ce qui me ravit aujourd'hui, c'est le bonheur d'avoir traversé toutes les souffrances pour mieux vivre ce que je vis maintenant. »

CESARIA EVORA

23

Mieux se nourrir

INNOVAFEED (HAUTS-DE-FRANCE)

L'importance d'exercer un métier qui a du sens, c'est le constat qu'ont fait quatre ingénieurs travaillant dans le conseil et la banque. Alors quand ils ont cherché un sujet auquel s'attaquer, celui de la sécurité alimentaire dans le monde s'est révélé pour eux être une évidence, en particulier celui de l'accès aux protéines. La FAO a annoncé que nous aurons un déficit de 30 à 40 millions de tonnes de protéines d'ici 2050. Alors même que d'un point de vue environnemental, nous savons qu'il est crucial de drastiquement diminuer notre consommation de viande ! Pour les fondateurs d'Innovafeed, la solution la plus mature à portée de main est celle de l'élevage d'insectes. Certes les humains en mangeront de plus en plus à l'avenir, mais c'est surtout pour nourrir les poissons que nous aurons dans notre assiette que leur utilisation peut faire la différence. Leur idée est donc de constituer un système de production de protéines durable pour l'aquaculture, qui connaît un gros déficit en la matière. En effet, la majeure partie des poissons que nous consommons ne sont pas issus de la pêche, mais de l'élevage. Les saumons de Norvège à la table des repas de fête ne sont généralement pas si sauvages, nourris à base de sardines ou de maquereaux qui viennent parfois du Chili ou du Pérou !

Le grand avantage des insectes est qu'ils se nourrissent de la biomasse dont personne ne veut, tout en produisant de la protéine de très haute qualité. Innovafeed a inventé un système où les déchets de l'industrie agroalimentaire sont utilisés pour directement nourrir leurs insectes. Dans leur usine de Compiègne, des tuyaux sont connectés à l'usine d'à côté, celle de l'industriel Tereos, pour récupérer les coproduits (provenant du blé) afin de nourrir les milliers de larves qui peuplent les 10 000 m^2 du site (la plus grande usine d'insectes au monde). Ce système permet d'économiser 9 000 transports en camion par an ! Ils récoltent par ailleurs l'énergie produite par l'usine (vapeur, eau chaude…) dans l'optique de créer une symbiose industrielle et recycler cette biomasse pour chauffer leurs bâtiments. Cela permet à Innovafeed de produire 10 000 tonnes de protéines par an, tout en évitant 60 % d'émission de CO_2 par rapport à la fabrication de protéines traditionnelles. Tout est automatisé dans le centre de Compiègne, les larves restant une semaine sur place avant d'être tuées via un choc de température. Elles sont ensuite dépecées de leur substrat. 1 % des larves est conservé pour reproduire l'espèce et poursuivre le cycle.

La protéine est vendue sous forme de farine animale à destination des éleveurs de truites et de saumons. Le reste est commercialisé à la fois comme engrais à destination des agriculteurs, et en huile d'insectes, très proche de l'huile de coco, utilisée pour nourrir les poulets, ou pour la fabrication de croquettes pour chien et chat. Innovafeed a levé plus de 450 millions d'euros et est en train de devenir un leader dans le domaine de la nourriture animale. Ils sont aujourd'hui plus de 350 salariés, et leur croissance est importante. L'entreprise picarde vient de lancer une usine à Chicago, en utilisant les détritus de maïs, et a déjà identifié plus de 150 sites industriels dans le monde où son modèle pourrait fonctionner. Si leur alternative est encore un peu plus chère que les protéines traditionnelles, nul doute que leur changement d'échelle va faire d'eux un acteur toujours plus compétitif !

*
* *

Nous sommes en 2022. Les ressources naturelles sont presque toutes épuisées, les océans sont en voie d'assèchement, la chaleur est écrasante, l'atmosphère, étouffante et la pollution, permanente. La ville de New York entasse des millions de pauvres qui n'ont pour tout moyen de subsistance qu'une tablette, le « soleil vert », produite par l'entreprise Soylent. Les jours de distribution, la foule est si pressée de récupérer ce qu'elle croit être un aliment à base de plancton que des émeutes éclatent spontanément. L'enquête du détective Frank

Thorn l'amènera à cette découverte improbable : les tablettes de « soleil vert » sont en réalité fabriquées à partir de chair humaine. Après avoir éradiqué la nature, l'homme n'a plus d'autre option pour survivre que de se dévorer lui-même. Cette fiction, Grand Prix du festival d'Avoriaz en 1974, nous la regardons aujourd'hui avec le sourire. Mais aussi avec un petit frisson. C'est que nous n'en sommes pas si loin. Non pas que nous ayons eu des envies d'anthropophagie, mais plutôt que nous risquons bien l'épuisement de nos ressources si nous ne faisons rien.

Revoir le mix de notre alimentation est une nécessité. La consommation de viande a été multipliée par 5 en soixante ans ! Chaque individu dans le monde mangeait en 2021 environ 43 kg de viande par an. Si cet individu était nord-américain, la ration montait à 124 kg [1]. Tout cela n'aurait pas été d'une grande importance si l'élevage n'était pas une activité aussi nocive pour l'environnement. Un seul exemple ? Les pâturages expliquent plus de 80 % de la déforestation de l'Amazonie [2]. Un second ? Au total, dans le monde, l'élevage (culture et pâturages) mobilise jusqu'à 80 % de la surface des terres agricoles [3] et provoque 14 % des émissions de GES [4]. Autant que les transports.

Toutes les viandes n'ont pas le même impact. C'est de loin le bœuf qui cause le plus de dommages : sa production mobilise une surface vingt-huit fois supérieure à celles des produits laitiers, viande porcine, volaille et œufs combinés [5]. Sans parler de son impact sur les émissions de méthane (dont 40 % proviennent de l'agriculture, riz et bovins en tête) ni de la question de la souffrance animale.

En France, nous avons très tôt pris de bonnes habitudes : notre consommation était déjà passée de 105 kg/an/habitant à 84,5 entre 1992 et 2020[6]. Mais nous allons aussi devoir diminuer notre consommation de produits laitiers. Effet indirect non négligeable, cela permettra de réduire l'antibiorésistance (les animaux d'élevage étant gavés de médicaments), qui risque de devenir une des toutes premières causes de mortalité. Sans compter d'autres bénéfices pour la santé tels que la diminution du risque de crise cardiaque.

Mais où trouver les apports protéiniques, en vitamine B12 et en fer que la viande ne nous procurera plus ? Ce n'est pas si compliqué, les produits de substitution sont déjà à notre portée. Le tofu : près de 15 % de protéines. Le tempeh, autre dérivé du soja : plus de 20 % de protéines. Les graines de chanvre : plus de 25 % de protéines. Les légumineuses (fèves, lentilles, pois cassés, pois chiches…) : environ 25 % de protéines. Jusqu'aux céréales complètes, sources également de vitamine B, de fibres… En fait, si 34 % de la population se disaient en 2017 flexitariens[7], c'est-à-dire attachés à réduire la consommation carnée, au fil des ans cette tendance doit s'imposer comme la norme. Mais la conversion doit être pilotée afin d'éviter des conséquences néfastes sur les émissions de GES (pour les régimes végétalisés nécessitant de plus grandes quantités d'aliments, il a été montré que leur impact carbone pouvait être négatif[8]).

De nouveaux aliments vont également arriver dans nos assiettes. Il nous faudra un certain temps pour nous y habituer mais les insectes vont constituer une composante majeure de nos régimes. Ils seront d'abord inclus dans des préparations classiques, comme les gâteaux, pour ne pas trop bousculer les habitudes [9]. Puis on les étendra progressivement à d'autres plats et d'autres usages. Les imprimantes alimentaires 3D ne seront pas inutiles dans cette acculturation, la nouveauté diététique se mariant bien avec la nouveauté technologique.

Le ver de farine, par exemple, contient entre 22 et 34 % de matière protéique [10], soit largement plus que n'importe quelle viande ou substitut végétal. Sur le million d'espèces d'insectes connues, seules 2 100 sont considérés comme comestibles, le scarabée Molitor (ver de farine au stade larvaire) et la mouche soldat noire étant les plus plébiscités. Grâce à des entreprises comme Innovafeed, les poissons d'élevage en font leur miel quotidien.

Et puisqu'on parle de la mer, nos plats seront bientôt agrémentés d'algues de toutes sortes, comme le font déjà depuis longtemps les Japonais et les Coréens. Certaines espèces renferment huit fois plus de calcium que le lait et dix fois plus de vitamines que l'orange. Elles s'avèrent des sources de fibres alimentaires (solubles), de minéraux (calcium) et de vitamines (A, B12) très intéressantes tout en étant pauvres en lipides [11]. En définitive, l'absorption d'une dizaine de grammes d'algues par jour suffit à couvrir les besoins nutritionnels en vitamines et en sels minéraux d'un individu [12].

Les consommateurs risquent malgré tout de tiquer. Tous ces goûts nouveaux, il va falloir s'y habituer. On sait que certaines zones du cortex sont dévolues à un goût particulier. On sait aussi que le cerveau est plastique et qu'on peut donc modifier cette activité cérébrale. Les neurotransmetteurs chimiques déclenchés lors de la détection des saveurs par la langue génèrent un influx nerveux en direction du cerveau. En 2050, nous aurons sûrement des implants qui contrôleront ce flux. **Tous les goûts sont dans la nature, ils seront demain aussi dans notre bouche et nous aurons l'embarras du choix.**

Les biotechnologies ne vont pas s'arrêter en si bon chemin. Outre le développement de l'usage des bactéries lactiques, de fermentation et de moisissures, elles vont également créer de toutes pièces de la viande de synthèse, uniquement à partir de culture de cellules, rendant obsolètes de nombreuses contraintes classiques de l'élevage. Elles vont même réussir à élargir notre palette gustative grâce à la création de nouvelles saveurs. **Moins consommatrice d'espace, moins émettrice de GES, moins exigeante en intrants, l'alimentation deviendra plus variée et plus saine.** Elle nourrira mieux et à moindre coût environnemental plus de gens sur Terre. C'est que nous serons tout de même près de 10 milliards en 2050, et il faudra que tout le monde mange à sa faim !

Action Happy End #23

Substituer une partie de nos apports en protéines par des produits végétaux ou à base d'insectes.

24

Faire la chasse au gaspi

PHENIX (ÎLE-DE-FRANCE)

Natif de Toulouse, Jean a fait ses études à Paris avant de commencer sa carrière comme banquier d'affaires. Il est rapidement rattrapé par une quête de sens grandissante, et la prise de conscience définitive arrive en 2014. Il quitte son job pour fonder sa propre entreprise. Après une première expérience un peu difficile, il apprend de ses échecs pour créer avec son associé Baptiste (ingénieur et entrepreneur) une structure qui en quelques années est devenue une pépite de la nouvelle économie. Baptisée Phenix, leur mission est de donner une seconde vie aux produits invendus, et de faire de l'acte de jeter une exception plutôt que la règle. Chaque année en France, ce sont 10 millions de tonnes de nourriture qui sont mises au rebut, soit 16 milliards d'euros qui partent à la poubelle… Un sujet éminemment crucial quand on sait que le gaspillage alimentaire représente à l'échelle mondiale 8 à 10 % des émissions de CO_2.

Phenix travaille directement auprès des professionnels, que ce soient des supermarchés, des industriels, des petits commerces de bouche (boulangers, primeurs…) et des restaurants. L'entreprise de Jean et Baptiste leur propose de valoriser leurs invendus alimentaires, qui représentent une part non négligeable de leur chiffre d'affaires. Plusieurs solutions leur sont ainsi offertes : une appli qui permet au commerçant l'optimisation du contrôle des dates sur les produits en rayon ; une plateforme en ligne pour donner à des associations ; des points de vente pour des produits dont la date de péremption approche ; des paniers d'invendus à prix cassés (50 à 70 % moins chers) ; ou encore un système de dons pour l'alimentation animale. Toutes ces solutions permettent un gain économique important pour les professionnels, mais aussi une véritable opportunité pour les consommateurs, particulièrement appréciée en période de crise. Phenix permet d'augmenter le pouvoir d'achat des consommateurs en leur proposant des produits à prix cassés parfaitement consommables. En aidant ses 17 000 clients à réduire le gaspillage, Phenix a déjà permis d'éviter la destruction de plus de 200 millions de repas depuis sa création. Une partie de ses 200 collaborateurs fait le lien avec plus de 2 800 associations caritatives partenaires en France.

En 2023, un label national anti-gaspi a été créé pour la grande distribution. L'activité de Phenix va donc devenir encore plus primordiale dans les années à venir. L'entreprise de Jean et Baptiste vient de lancer un service d'accompagnement pour les distributeurs, afin de les aider à obtenir le label. 100 % des magasins accompagnés par Phenix obtiennent le score suffisant pour être certifiés, preuve de la pertinence de leur solution. Quand on sait que 84 % des Français privilégieraient une enseigne récompensée d'un label anti-gaspillage plutôt qu'une autre, Phenix est vraiment le meilleur allié des professionnels français. Mais pas que : l'enjeu est mondial, et des outils et des solutions comme ceux proposés auront un rôle clé dans la décarbonation de l'économie planétaire.

*
* *

En 1879, devant un parterre de trois mille personnes venues spécialement pour l'occasion à Menlo Park, Thomas Edison fait la brillante démonstration de l'efficacité de ses ampoules à incandescence. D'un éclairage plus intense que la bougie, elles durent surtout beaucoup plus longtemps : environ 1 000 heures. Quelques décennies plus tard, en 1924, la technique s'est perfectionnée et les lampes ont une longévité de près de 2 400 heures. C'est alors que les principaux fabricants (General Electric, Philips…) décident de se réunir en petit comité à Genève afin de réguler ce progrès fulgurant. Dorénavant, le filament de tungstène ne durera pas plus de 1 000 heures. Dépassez ce seuil et vous serez sanctionné. Le principe de l'obsolescence programmé était né. Il allait faire florès.

En 2050, quand la plupart des centres-villes baigneront dans une lumière bleu-vert liquide grâce à des bactéries marines bioluminescentes dont l'entretien sera minimal, les intentions du cartel de l'électricité nous paraîtront bien étrangères. Mais pour en arriver là, il nous faut combattre sans relâche le besoin de produire toujours plus des grands groupes dont nous avons fini par oublier qu'ils visaient bien davantage à maximiser le profit de leurs actionnaires qu'à répondre aux attentes réelles des clients que nous sommes.

Parmi les exemples les plus criants de ces travers, Apple occupe une place de choix. La multinationale est passée maîtresse dans l'art de créer un besoin que l'on ne pensait pas avoir avant qu'elle ne nous l'ait suggéré. Steve Jobs ne disait-il pas : « Vous ne pouvez pas simplement demander aux clients ce qu'ils veulent et ensuite essayer de le leur donner. Au moment où vous l'aurez construit, ils voudront autre chose » ? Pour être à la page, il faut changer de produits en permanence. Et lesdits produits de nous y aider : les batteries des iPod, iPad ou MacBook Air ne peuvent être remplacées, les accessoires des iPhone sont différents à chaque nouvelle version et les mises à jour du système d'exploitation deviennent trop gourmandes pour sa mémoire.

Cette technique a porté ses fruits : 2,3 milliards d'iPhone ont été vendus entre 2007 et 2023. En partie également grâce à des plans de communication qui rendent chaque nouvelle version plus « nécessaire » que la précédente aux yeux des aficionados de la marque de Cupertino. Qui d'ailleurs ne s'est pas arrêtée en si bon chemin. En conservant la trace de tous les composants de l'iPhone, elle serait en mesure d'identifier les pièces utilisées en remplacement et de rendre les téléphones inutilisables si ces dernières ne figurent pas sur la liste des composants autorisés [1]. L'obsolescence programmée, un art du raffinement.

En parlant d'art, connaissez-vous le Kintsugi ? C'est l'art japonais de la restauration d'objets cassés. Plutôt que d'en masquer les fêlures afin qu'ils retrouvent leur aspect d'origine, celles-ci sont sublimées avec de l'or. L'objet cassé devient un objet magnifié, et le résultat est admirable. Nous pouvons espérer qu'en 2050, l'art du Kintsugi ait infusé dans toute la *high-tech* et que le dernier chic ne soit plus de changer tous les ans d'appareil mais d'en exhiber les réparations comme autant de petites victoires de l'ingéniosité humaine sur la matière. Nous n'en sommes pas encore là. **Du point de vue économique, l'obsolescence programmée se justifie (faisons durer quatre fois plus longtemps vos appareils et nous en vendrons 75 % de moins). Mais du point de vue social et écologique, c'est une aberration. Nous devrons voter des lois pour criminaliser le recours à cette pratique.**

L'économie circulaire, ce beau concept, en est quant à lui encore à ses balbutiements. L'idée d'offrir plusieurs vies à un produit (neuf, d'occasion, reconditionné, recyclé), si naturelle à une époque où le moindre bien était précieux, a sombré sous la surproduction de la société de consommation. Jusqu'à ce que les limites planétaires se rappellent à nous. En outre, la complexité des produits n'a pas facilité leur recyclage. L'exemple du plastique est éloquent : alors que la filière existe depuis longtemps, seuls 21 % des plastiques étaient recyclés en France en 2021 [2]. Variété des articles, pluralité des polymères, présence de résines, coût… les raisons de ce relatif échec sont nombreuses.

La situation des produits électriques et électroniques n'est guère plus enviable. Déjà parce que tous les équipements ne sont pas remis dans le circuit : rien qu'en France, on estime entre 54 et 113 millions le nombre de téléphones abandonnés dans un tiroir. Ensuite parce que les alliages rendent plus complexe le processus. Au total, à peine 17,4 % des déchets électroniques rentrent réellement dans le circuit du recyclage [3]. Et le plus perturbant, c'est que les technologies envisagées pour nous sauver du dérèglement climatique telles que les panneaux photovoltaïques ont été lancées sans aménager de filière de recyclage [4]. Si on fait le compte, 35 % de tout ce qui était extrait sur Terre sont purement et simplement gaspillés en fin de chaîne, 15 % s'échappent en émissions de GES et à peine 7,2 % sont recyclés [5].

En 2050, un produit nouveau ne pourra plus être homologué sur le marché sans que le soit aussi son circuit de recyclage. Il faut introduire un droit à la réparation sur tous les produits. Mais surtout, nous aurons fait de très gros progrès dans la diminution du gaspillage. Parce qu'au fond, comme l'écrit Flore Berlingen, directrice de l'ONG Zero Waste France : « Le recyclage se nourrit du jetable et contribue à perpétuer son utilisation [6]. » Ce n'est pas parce qu'on peut les trier qu'il faut continuer à abuser des emballages. Et, surtout, ce n'est pas parce que l'on recycle que l'on met en place une économie réellement circulaire.

Le premier vrai geste, en attendant que l'économie revoie son modèle, c'est donc de ne plus gaspiller. Et

Sisyphe ne déclinerait pas la tâche. Rien qu'en France, chaque habitant produit en moyenne 568 kg de déchets ménagers par an (dont environ un tiers de déchets organiques). Pour diminuer cette quantité, une tarification incitative a été mise en place ici ou là. Non sans résultats : toutes les intercommunalités qui l'utilisent jettent moins de 100 kg/hab/an [7]. L'objectif est d'autant plus important qu'on sait les décharges grandes émettrices de méthane. L'utilisation de composteurs sera aussi rendue obligatoire dès 2024.

Des pays comme le Danemark ou la Corée nous montrent un peu plus la voie. **Les lois interdisant l'usage unique ou l'utilisation superflue de plastique, l'imposition de sanctions progressives ou de bonus en cas de bonne conduite prouvent la détermination des pouvoirs publics.**

À la place des emballages de fruits et légumes, un marquage naturel [8], sorte de tatouage qui n'affecte en rien le produit, pourrait être généralisé, tout comme les magasins de vrac où les produits bio ne sont d'ailleurs pas plus chers que les produits traditionnels emballés [9]. En 2050, l'indice de réparabilité, initialement appliqué à une poignée de produits (smartphones, ordinateurs portables, téléviseurs, tondeuses à gazon, lave-linge, lave-vaisselle, aspirateurs…), sera devenu un standard et un critère d'achat essentiel pour tous les consommateurs. Mais surtout, c'est la fierté de conserver plus longtemps nos achats que nos voisins et d'exposer les réparations les plus durables qui aura changé la donne. Le besoin de reconnaissance sociale est toujours le même, il aura juste été replacé au bon endroit.

Action Happy End #24

Criminaliser l'obsolescence programmée.

25

Passer de la propriété à l'usage

CITIZ (GRAND EST)

L'histoire de Citiz commence à Strasbourg, au tournant du millénaire. Jean-Baptiste et son groupe d'amis ne supportent plus leurs voitures. Elles encombrent l'espace, polluent et coûtent bien trop cher à l'entretien. Leurs bagnoles dorment parfois pendant des semaines entières dans un parking ou sur la voie publique, ils s'en servent à peine. Et quand ils sont en retard à un rendez-vous, pas d'autre choix que de se garer un peu n'importe comment, tout ça finissant généralement à la fourrière. Ils sont à bout, et voudraient s'en débarrasser. Pourtant, parfois, il est impossible de s'en passer ! Après de rapides recherches, ils constatent qu'une grande majorité est concernée par ce problème et n'a pas réellement d'alternative efficace. C'est là que Jean-Baptiste et ses amis créent une association, qui deviendra une coopérative par la suite, rassemblant des acteurs de Lyon, Marseille, Grenoble et Strasbourg.

Le principe de ce réseau coopératif d'autopartage est simple : on s'inscrit sur une plateforme qui donne accès à un catalogue listant l'ensemble des véhicules mis à disposition par des propriétaires jouant le jeu. On trouve de tout, de la citadine au monospace en passant par le minibus, le tout en libre-service, 24h/24, 7j/7. Une voiture partagée permet de remplacer jusqu'à 8 voitures personnelles et évite selon l'ADEME l'émission d'environ 10 tonnes de CO_2 par an. En 2012, les différents acteurs territoriaux de la coopérative décident de se fédérer, mutualisant leur communication et devenant ainsi le réseau Citiz. Aujourd'hui, ils représentent plus de 80 000 utilisateurs et 2 000 voitures, couvrant plus de 200 villes françaises.

La coopérative compte bien continuer son essor et cible désormais toutes les villes de plus de 100 000 habitants. Pour cela, Citiz multiplie les partenariats avec les collectivités, friandes de leur service, car elles souhaitent diminuer la pollution urbaine et désengorger leurs rues saturées. Comme souvent, l'enjeu essentiel pour accélérer le développement de cette pratique est le changement de perception des Français. Véritable symbole de la révolution industrielle et du capitalisme du XXe siècle, la voiture revêt encore une importance non négligeable. Si pour certains elle est un outil de travail indispensable, elle reste aussi un marqueur social puissant. Les trois quarts des Français possèdent encore au moins un véhicule au sein de leur foyer. Au moment où les voitures électriques prennent leur essor, et résoudront au moins la catastrophe sanitaire des particules fines, une grande partie des voitures vendues aujourd'hui le sont via les flottes d'entreprise. Un véritable défi pour Citiz et une belle opportunité de changer les habitudes : le groupe de Jean-Baptiste s'est mis à fond sur ce créneau.

*
* *

En 1979, un ingénieur israélien du nom de Yacov Zahavi élabore une théorie selon laquelle les déplacements de notre vie quotidienne, et notamment les déplacements domicile-travail, se font à budget-temps de transport constant. Autrement dit, même si les transports se sont accélérés, le temps que nous mettons à aller de chez nous à notre lieu de travail n'a pas changé : c'est la distance qui sépare ces deux points qui a augmenté. Au fil des années, avec la congestion des grands axes, les faits ont infirmé cette théorie. Mais ce qu'elle nous dit en creux reste vrai : quelles que soient les évolutions dont nous profitons, nous avons du mal à modifier nos habitudes.

Ainsi, pour 73 % des Français, la voiture est le premier moyen de transport qu'ils utilisent lorsqu'ils sortent de chez eux au-delà de leur quartier [1]. C'est encore plus vrai si nous habitons en zone rurale (86 %) ou si nous sommes ouvriers (84 %). Il faut dire aussi qu'un tiers des individus consacre plus d'une heure par jour à aller et venir au travail. Mais le temps passé en réalité diffère peu qu'il l'ait été en voiture ou en transport en commun : 50 min en moyenne d'un côté, 1 h 03 de l'autre. Et quand on demande aux gens comment ils imaginent réduire l'impact écologique de leurs déplacements, les plus jeunes citent le vélo ou la marche (pour 40 %) tandis que les plus de 35 ans placent en tête l'achat d'un véhicule électrique (pour 38 %). Malgré tout, un quart des Français se dit encore opposé au changement et ne troquerait sa voiture pour rien au monde. En fait, le problème est ailleurs : ceux qui aimeraient changer ont l'impression que c'est impossible, et plus ils vivent loin du centre-ville, plus ils le clament.

Pour décarboner les transports, on le voit, c'est en priorité sur les usages qu'il faudra travailler. Ceux-ci ne se commandent pas : nous aurons beau essayer de motiver une personne vivant en banlieue afin qu'elle emprunte son vélo pour venir en centre-ville, il y a peu de chances qu'elle le fasse naturellement si l'infrastructure cyclable n'a pas été pensée pour son trajet. De fait, changer les usages, c'est d'abord travailler sur les capacités au sens d'Amartya Sen [2]. C'est la question du « pouvoir agir » qui est déterminante.

Le vélo est pourtant le meilleur allié de la décarbonation en ville. Même un vélo électrique a un impact carbone d'usage largement inférieur aux autres modalités : dix fois moins que la voiture électrique (environ 20 g CO_2/km) et cent fois moins que la voiture thermique (200 g CO_2/km), selon l'ADEME. Et l'agence de préciser qu'un cycliste est deux à trois fois moins exposé à la pollution de l'air qu'un automobiliste [3].

Revoir l'emprise de la voiture sur l'espace intraurbain y rendra moins naturel l'usage de son véhicule. Ainsi à Paris, la circulation automobile intra-muros a déjà chuté de moitié entre 2002 et 2020 [4]. Mais il ne faut pas s'arrêter aux villes : 60 % des actifs se déplacent en voiture pour des trajets inférieurs à cinq kilomètres [5]. L'infrastructure cyclable s'étendra donc bien au-delà des villes afin de répondre à tous ces trajets du quotidien où la voiture est peu utile.

Les transports en commun se développeront en parallèle afin de proposer une offre de substitution fiable (le vélo n'est pas la solution rêvée pour tout le monde). Les investissements attendus auront un impact non négligeable sur les finances des collectivités mais ils sont incontournables afin de permettre le report modal. Et les gains se feront vite sentir : tramway électrique, bus électrique ou à l'hydrogène vert... Dans les villes, la pollution de l'air est due à 60 % aux véhicules (rejets de gaz tels NO_2 ou O_3 mais aussi de particules plus ou moins fines) [6]. L'augmentation de la fréquentation des transports en commun améliorera nettement la qualité de l'air dans les centres-villes.

Les investissements ferroviaires seront massifs pour accroître la part du train dans les déplacements voyageurs. À l'horizon 2050, c'est un doublement du trafic par rapport à 2010 qui est anticipé dans la plupart des scénarios [7]. Des lignes seront remises en service et la fréquence des trains sera augmentée sur les trajets plébiscités par les voyageurs. L'information des usagers sera améliorée et le trafic adapté, notamment en période de fortes chaleurs (l'acier du rail se dilatant, il entraîne automatiquement une réduction de la vitesse des trains). Le matériel sera adapté, le moteur diesel étant progressivement remplacé par des batteries sur les tronçons non électrifiés et l'efficacité énergétique des rames électriques étant peu à peu améliorée.

Enfin, **le trafic aérien sera contenu**. Il ne peut plus continuer à doubler tous les quinze ans comme il le fait depuis les années 1970. Un aller-retour à New York consomme autant de carbone qu'une année entière de chauffage pour une famille française [8]. En outre, plus de 96 % de la population ne sont pas concernés par le trafic aérien international : à peine 1 % de la population est donc responsable de 50 % des émissions de CO_2 du trafic commercial aérien [9]. Aucune innovation ne rend l'avion « vert » sur des longues distances, les constructeurs, les compagnies et les voyagistes en sont conscients. C'est donc un ensemble de mesures globales au niveau européen qui permettra de réduire l'impact de ce secteur sur le dérèglement climatique (tant dans l'amélioration des pratiques au sol que dans la limitation du trafic).

De façon plus anecdotique mais hautement symbolique, environ deux cents communes en France ont recours au cheval de trait pour remplir leurs missions de service public et organiser le ramassage scolaire ou la collecte des déchets [10]. Mais l'achat et l'entretien de chevaux coûtent cher et c'est là encore la preuve qu'un seul calcul comptable ne parviendra jamais à faire changer notre modèle. Outre la nécessaire prise en compte des externalités négatives, il faut également considérer l'influence sur l'évolution de nos modes de vie.

Et c'est au fond le sujet central. Continuer à posséder sa propre voiture si on n'en a pas un usage quotidien et optimisé ne sera pas envisageable. C'est une incongruité mathématique lorsque l'on sait que la majorité des automobilistes roulent seuls dans leur véhicule quatre ou cinq places et que la charge transportée correspond à peine à 9 % de la charge totale. Avant de transporter un ou plusieurs passagers, une auto se transporte elle-même [11]. Demain, nous penserons sans doute davantage partage de véhicules autonomes (les copropriétés pouvant gérer leur « flotte » de véhicules comme le font les entreprises), covoiturage (moins de 1 % des déplacements aujourd'hui [12]) ou location.

En parlant de location d'ailleurs, ce qui se fait actuellement pour les pneus d'hiver se fera pour les pneus en général. Leur maintenance est en effet un sujet critique, d'autant qu'ils pèsent d'un poids non négligeable dans l'impact carbone des véhicules, et qu'ils continueront demain lorsque le thermique aura quasiment disparu. Afin de répondre par une approche circulaire à cet enjeu, Mobivia a transformé l'ancien site industriel Bridgestone à Béthune dans le Pas-de-Calais en un des tout premiers centres de reconditionnement de pneus avec un gain de 80 % de matière [13].

Sur tous ces sujets, l'État et les collectivités joueront un rôle moteur. Le changement passera d'abord par le cadre et les incitations qui auront été mis en place. L'achat de véhicules lourds et puissants tels les SUV sera de plus en plus contraint (même si certaines dérogations subsisteront comme pour les personnes en situation de handicap, souvent les grandes oubliées des mesures écologiques). L'accès aux transports en commun sera facilité, quitte à opter pour la gratuité comme à Dunkerque (Nord). Même la publicité sera encadrée afin d'inviter les consommateurs à plus de sobriété. **On bougera autant en 2050 qu'aujourd'hui mais on bougera différemment, de façon plus raisonnée et plus adaptée.**

Action Happy End #25

Investir massivement dans toutes les formes de substitution à la voiture individuelle (transport en commun, vélo, autopartage…).

26

Atteindre le zéro carbone dans nos logements

HYDRALOOP (PAYS-BAS)

Photographe, puis caméraman, Arthur commence sa carrière professionnelle dans la vidéo et l'audio numérique. Il crée sa propre entreprise aux Pays-Bas, qui deviendra l'une des plus grandes sociétés indépendantes d'installations de radiodiffusion en Europe, employant plus de 400 personnes. Après avoir vendu sa structure, Arthur voyage beaucoup et est interpellé par le problème de la gestion de l'eau. D'ici 2030, jusqu'à 700 millions de personnes pourraient être déplacées dans le monde en raison de la pénurie d'eau. Et d'ici 2050, la planète comptera 2 milliards d'habitants de plus, et nous aurons besoin de 55 % d'eau en plus par rapport à notre consommation actuelle. Alors qu'il s'agit d'une ressource très précieuse, nous ne cessons de la gâcher, notamment via les eaux dites grises (ou ménagères) que nous produisons.

Frustré de penser à ces millions de personnes qui se débarrassent de l'eau à chaque douche, chaque chasse d'eau, Arthur décide d'inventer une machine permettant de traiter l'eau usagée. En 2015, avec un master en design en poche, il commence à dessiner les premiers plans de ce qui deviendra Hydraloop. L'idée est de développer une technologie permettant de traiter l'eau déjà utilisée, en éliminant la saleté, le savon ou toute autre pollution, le tout sans utiliser de filtres ou de produits chimiques. Le produit Hydraloop a la forme et la taille d'un frigo que l'on peut installer chez soi. Un plombier doit relier nos tuyaux à l'appareil, comme on le fait pour un lave-vaisselle par exemple. En un peu plus d'une heure, le système est raccordé, et plus besoin d'eau potable pour ses toilettes ! Les machines à laver aussi utilisent le système, on économise même de l'énergie car l'eau est déjà à température ambiante, pas besoin de la réchauffer avant le lavage. Contrairement aux systèmes classiques qui deviennent sales ou obstrués rapidement, Hydraloop garantit une meilleure qualité d'eau, sans nécessiter d'entretien régulier ni nuire à l'environnement.

Cette technologie permet de réduire la consommation d'eau et les émissions d'eaux usées de 25 à 45 %. L'empreinte carbone est *de facto* meilleure car moins d'eau doit être transportée vers chaque bâtiment. L'eau utilisée l'est de fait deux fois, sans compromettre le confort de vie ou l'hygiène. L'enjeu pour Hydraloop est maintenant de faire de l'installation de systèmes d'eau décentralisés la norme dans la construction de nouveaux bâtiments. Avec plus de 150 partenaires dans 50 pays, l'entreprise néerlandaise a noué de nombreuses collaborations pour démocratiser son produit, en marque blanche ou à travers des licences. La loi doit aujourd'hui s'adapter pour accompagner ce type d'invention et favoriser la réutilisation de l'eau, via des tarifs préférentiels par exemple. Cela semble normal qu'une eau utilisée plusieurs fois soit payée moins cher ! Voilà un exemple concret qui permet d'agir à une échelle individuelle mais qui aurait bien besoin d'un coup de pouce réglementaire.

*
* *

En 2009, lors d'une conférence internationale, l'architecte Rachel Armstrong évoque une hypothèse qui a tout du rêve un peu fou : et si, pour construire nos bâtiments, en lieu et place du béton ou de la brique, nous utilisions des matières vivantes ? Des matières qui réagiraient, qui se développeraient voire qui se guériraient toutes seules en cas de choc ? Dans la foulée de cette utopie, des dizaines de laboratoires se sont mis à imaginer leurs matériaux. Du mycélium de champignons pour faire des briques ou pour remplir des panneaux et y conduire l'électricité, des ciments vivants qui se nourrissent de CO_2, des bactéries associées aux champignons [1]... En 2050, nous aurons des maisons qui seront un savant mix de matières vivantes et de matières mortes, qui seront autoréparatrices ou autonettoyantes et qui capteront les pollutions ambiantes.

En attendant, le secteur du logement est l'un des principaux consommateurs d'énergie (29 % de l'énergie finale) et son rôle dans les émissions des

GES est loin d'être négligeable (12 % des émissions nationales)[2]**.** De fait, si on totalise tous les investissements nécessaires pour décarboner le pays, une grande partie se concentre sur deux secteurs : le transport, comme on l'a vu au chapitre précédent, et le bâtiment. Car il ne suffira pas d'isoler un logement, ils sont des millions à nécessiter une intervention. C'est pourquoi lorsque l'institut Rousseau raisonne en surinvestissement par rapport à la tendance, le secteur du bâtiment arrive largement devant tous les autres : il compterait pour 36 % du surcoût de transition, soit 21 milliards par an[3].

En 2050, la quasi-totalité de nos logements traditionnels auront été rénovés. Murs, toitures, sols et toits auront des capacités isolantes bien supérieures. Mais cela ne se sera pas fait tout seul. Car aujourd'hui, rares sont les artisans capables de rénover les habitations de la cave au grenier, sans parler du coût de tels chantiers. Il y a donc une filière « rénovation » à structurer, des professionnels à former et des aides à déployer. Le tout à un rythme échevelé car à peine 10 des 30 millions de logements (hors résidences secondaires ou vacantes) en France sont diagnostiqués A, B ou C. Ce qui nous en laisse quand même plus de 700 000 à rénover chaque année.

En parallèle des rénovations, il faudra construire de nouveaux logements mais à un rythme bien inférieur. La réglementation RE2020 a intégré la décarbonation dès la phase de conception des matériaux. Les matériaux biosourcés (bois, chanvre, liège...) ou géosourcés (terre, pierre...) auront donc de plus en plus la cote, notamment parce qu'ils permettent de stocker le carbone. Mais une construction *ex nihilo* sera toujours plus émettrice qu'une rénovation ou un rafraîchissement.

Les logements construits seront tous à énergie positive, comme sait déjà les faire le groupe Elithis. Ils ne pousseront pas comme des îlots séparés mais seront interconnectés avec le parc existant, par exemple afin de décharger leur trop-plein d'électricité sur les immeubles voisins. Ils seront composés de parties privatives et de parties collectives mutualisées (buanderie, terrasse…). Ils seront économes en eau via des systèmes de recyclage des eaux de pluie mais aussi de réutilisation des eaux usagées, l'eau de la douche servant par exemple pour les toilettes. La peinture des façades réfléchira jusqu'à 98 % de la lumière en évitant tout effet de réchauffement atmosphérique [4]. La végétalisation des toitures compensera en partie l'artificialisation des sols et aura un impact positif non seulement sur les émissions de GES [5] mais aussi sur le bien-être des citadins, la biodiversité, la qualité de l'air… Dans des villes comme Washington ou Baltimore, il a été calculé qu'une couverture arborée sur 50 % de la surface des rues a comme incidence une diminution de la température de 4 °C pour l'air au niveau du sol, 15 °C pour la surface des routes et 9 °C pour la surface des immeubles [6].

La production de chaleur devra elle aussi être décarbonée. Le fioul et le gaz naturel, qui ont longtemps été les deux sources privilégiées, auront totalement disparu en 2050 après avoir été progressivement interdits. Les tentatives de biogaz resteront limitées (d'autres secteurs, telle l'aviation, faisant concurrence au bâtiment). Le réseau de chaleur urbain permettra d'optimiser la fourniture de chaleur dans l'habitat collectif (12,6 millions de logements). L'habitat individuel (16,3 millions de logements) aura été plus difficile à améliorer. D'abord parce qu'il est beaucoup plus consommateur (257 TWh/an contre 145), notamment parce que chaque habitant y dispose de plus de place (45 m^2 en moyenne contre 35). Ensuite parce qu'il aura fallu convaincre les quelque douze millions de propriétaires de revoir le système de chauffage de résidences qui ont majoritairement été construites avant 1975 [7]. Mais grâce à des aides et des programmes adaptés, les pompes à chaleur air/eau, air/air ou hybrides seront devenues la norme.

Si les immeubles seront connectés entre eux, les résidences individuelles seront, elles, équipées de panneaux photovoltaïques et connectées au réseau, puisqu'il existe un décalage constant entre la production solaire et notre consommation d'électricité (à quoi bon produire de l'électricité lorsque les occupants de la maison sont absents ?). Mais elles seront aussi connectées à leur voiture afin d'utiliser la batterie comme source de stockage de l'électricité produite.

En 2050, nous aurons des logements plus résilients, capables de mieux supporter les pics de chaleur. Nous aurons des maisons ou des immeubles qui auront un rôle dans la gestion globale de l'énergie au niveau de leur hameau, de leur village ou de leur quartier. **Et nous aurons un secteur du bâtiment qui aura une approche totalement différente de son activité.**

Action Happy End #26

Faire des constructions neuves des bâtiments à énergie positive.

27

Développer une médecine prédictive pour tous

CRISPR (Île-de-France)

Née à Juvisy-sur-Orge, Emmanuelle est diplômée de l'université Paris-VI. Passionnée par la microbiologie, elle obtient son doctorat à l'Institut Pasteur, grâce à son étude sur les mécanismes génétiques et moléculaires à l'origine de la résistance aux antibiotiques. Véritable globe-trotteuse, Emmanuelle a rapidement des fourmis dans les jambes. Dès ses 27 ans, elle part vivre aux États-Unis, puis ce sera l'Autriche, la Suède et enfin l'Allemagne. En près de vingt-cinq ans, elle aura vécu dans cinq pays, sept villes différentes, travaillé dans dix laboratoires et elle en est très fière. Ce sont ces expériences à l'étranger qui lui ont permis de se forger sa personnalité de scientifique et de développer sa créativité, son savoir, en s'adaptant aux cultures et aux différentes méthodes de travail. Elle explique aussi son nomadisme par le fait qu'elle aurait eu du mal à avoir les mêmes moyens en France, où les professions scientifiques ne sont selon elle pas assez valorisées. En 2020, Emmanuelle obtient le prix Nobel de chimie, avec une biochimiste américaine. C'est la première fois qu'un prix Nobel est attribué à deux femmes ensemble.

Emmanuelle a fait de la génétique bactérienne son principal terrain de jeux, avec l'espoir de découvrir un mécanisme utile au domaine thérapeutique. Et ça a été le cas ! Dès 2012, elle publie un article sur le système CRISPR (*Clustered Regularly Interspaced Short Palindromic Repeats*), qui a bouleversé le champ de la génétique moléculaire. Ses recherches sont basées sur l'ADN, propre à chaque être humain. Elle démontre que lorsqu'une partie de l'ADN est endommagée, les techniques de CRISPR, en utilisant l'enzyme Cas9, permettent de le découper ou de le modifier. Une fois la séquence ADN coupée, les cellules vont recoller les extrémités qui auront été séparées. Le gène peut ainsi être réparé ou corrigé directement dans la cellule. Ces ciseaux moléculaires (ou ciseaux génétiques) sont parfaitement révolutionnaires, et constituent une immense avancée, notamment pour toutes les maladies héréditaires.

Certaines familles sont en effet atteintes par des pathologies qui se transmettent de génération en génération, contre lesquelles aucun traitement efficace et pérenne n'a été découvert. CRISPR/Cas9 représente une solution viable à ce type de maladies héréditaires, c'est donc un progrès médical spectaculaire ! En perfectionnant nos connaissances et les applications de cette méthode, on peut aussi imaginer intervenir sur des gènes responsables de différentes formes de handicap. La médecine de demain sera à coup sûr plus préventive et prédictive qu'à proprement parler curative. Emmanuelle a donc permis une avancée majeure, dont les applications seront multiples, car l'ADN est présent partout, dans toutes les cellules vivantes. Ces progrès nous invitent aussi à nous interroger sur les limites que nous voulons donner à ces technologies. Comme il existe une chirurgie esthétique, pourra-t-on utiliser ces techniques pour simplement choisir la couleur des yeux de nos enfants, ou pour être plus athlétiques ? L'éthique n'est jamais très loin, en particulier lorsque l'on touche au génome humain.

*
* *

En 1924, le médecin, physiologiste et biochimiste allemand Otto Warburg émet l'idée que les cellules cancéreuses se comportent exactement comme des cellules primitives. Il fallut près d'un siècle pour que des travaux commencent à montrer que « les cellules cancéreuses, quelle que soit leur origine, réduisent la contribution des gènes essentiels à la vie multicellulaire en faveur de gènes déjà présents chez les êtres unicellulaires [1] ». Une tumeur cancéreuse ne serait donc pas créée par des mutations génétiques aléatoires comme on le pense depuis des décennies mais par la résurgence d'un mode de fonctionnement primitif de certaines cellules qui, soudainement, ne se mettraient plus au service d'un organe mais vivraient pour elles-mêmes, réhabilitant les techniques de survie qui ont jadis assuré leur succès évolutif. Elles ne deviendraient rien de moins que des « ennemies intérieures ».

Cette approche, révolutionnaire, se sera imposée comme une évidence pour les médecins de 2050. Elle permettra une détection beaucoup plus fine des cellules cancéreuses et la découverte de protocoles curatifs d'une efficacité sans faille. Si les cancers continueront de survenir (les animaux et même les plantes y étant sujets), ils seront traités bien plus en amont et ne seront pas plus craints qu'une bronchite ou un torticolis.

En 2050, les craintes se seront déplacées. L'augmentation des températures moyennes, l'aggravation des catastrophes climatiques, les modifications de la biodiversité et l'émergence de nouveaux virus, même sur une planète décarbonée, continueront de peser sur le système de santé. **Système qu'il aura fallu adapter pour répondre à l'exigence de décarbonation : il pèse quand même 8 % des émissions de GES [2].** Toute la chaîne logistique de la santé bénéficiera de l'électrification des transports. Mais les émissions au sein même des établissements de santé, qu'il s'agisse du petit cabinet du praticien en centre-ville ou de l'hôpital public, seront regardées par **des professionnels formés aux enjeux climatiques**, les méfaits du réchauffement et de la pollution les touchant plus que tout autre secteur.

La question des déchets, du gaspillage et de la circularité aura également une place à part dans un domaine où les conditions d'hygiène imposent des pratiques très réglementées. Laboratoires pharmaceutiques, responsables d'officines et médecins travailleront de concert pour relocaliser la production de médicaments essentiels (on a constaté une fois de plus notre dépendance lors de la crise sanitaire), proposer des traitements plus économes et faire évoluer les pratiques des patients. La pratique des équipes médicales se sera d'ailleurs elle aussi adaptée. La télémédecine et les téléopérations seront devenues monnaie courante.

La pression climatique ne sera pas le seul facteur de « stress » du système de santé. En 2050, un tiers de la population française aura plus de 60 ans. Et 7 % auront 85 ans ou plus. **Pour maintenir le maximum d'individus en bonne santé, la médecine prédictive aura un rôle fondamental à jouer.** Nos capteurs personnels nous suivront à longueur de journée, dessinant au fil du temps notre « jumeau numérique ». Ils analyseront notre état de santé et les données extraites puis extrapolées favoriseront la mise en place de supplémentations alimentaires ou de traitements préventifs. La proximité de virus répertoriés sera immédiatement identifiée et les consignes sanitaires nous seront transmises instantanément.

Les algorithmes montrent leur efficacité depuis longtemps. L'intelligence artificielle analyse et interprète les images obtenues par scanners, IRM ou radiographies avec un degré de précision époustouflant et en tire des prédictions à plusieurs années [3]. Un médecin de demain aura toute une batterie d'outils à sa disposition afin d'éclairer son diagnostic.

La compréhension du fonctionnement de notre cerveau sera telle qu'il existera des interfaces cerveau-machine pour n'importe quelle pathologie. Greffer un bras bionique à la suite d'un accident, redonner vie aux membres inférieurs d'une personne paraplégique grâce à un exosquelette ou redonner la vue à une personne qui vient de la perdre seront des interventions certes lourdes mais bien maîtrisées. De plus en plus de patients seront ainsi « augmentés », leur déficience étant palliée par des implants ou des prothèses intelligentes. Cette augmentation aura bien d'autres débouchés que la santé, elle nous permettra par exemple de percevoir les ondes magnétiques, les ultrasons ou les infrarouges. Nous aurons une sensibilité à notre environnement jamais connue jusque-là.

Mais ne serait-il pas plus efficace de « laisser faire la nature » que de compter sur la technologie ? Quitte pour cela à lui donner un petit coup de pouce ? **En 2050, les chirurgiens injecteront directement dans nos corps des cellules thérapeutiques qui ralentiront le processus de vieillissement ou soigneront les pathologies avant qu'elles ne prennent de l'ampleur.** La vieillesse ne sera plus une évolution normale du corps mais une maladie susceptible d'être traitée.

En définitive, ces progrès rendront plus aiguë que jamais la question du transhumanisme. Peut-on laisser l'homme devenir un surhomme ? Faut-il reprogrammer notre code génétique afin de gommer nos défauts et d'améliorer nos performances ? Au-delà, la question de l'accessibilité de ces avancées sera également cruciale. Ces opportunités ne créeront-elles pas une santé à deux vitesses entre ceux qui auront les moyens de réaliser leurs fantasmes de surpuissance et ceux qui ne pourront que se contenter de soins rudimentaires ? C'est tout cela qu'il nous faut anticiper dès à présent.

Action Happy End #27

Former les professionnels de santé aux enjeux climatiques.

28

Préparer les plus jeunes au monde de demain

ÉCOLE EN FORÊT
(BOURGOGNE-FRANCHE-COMTÉ)

Élise est passionnée par son métier d'enseignante, le fait de transmettre des connaissances et partager son savoir. Mais la manière dont l'éducation est organisée en France l'a toujours frustrée. Enfermer vingt-cinq élèves dans une pièce pendant plusieurs heures d'affilée ne lui va pas du tout. En termes d'efficacité d'abord, mais aussi parce que cela peut amener au syndrome du manque de nature : en passant de moins en moins de temps en plein air, certains enfants peuvent être victimes de problèmes de santé, parfois graves, ainsi que de troubles comportementaux. Élise souhaite que les enfants dont elle a la charge puissent s'épanouir et se déplacer en pleine forêt, mettre leur corps en mouvement et utiliser leurs cinq sens. En 2018, elle décide avec trois collègues enseignantes de créer sa propre école. Elles vont braver les obstacles administratifs et faire école dehors, en forêt, en s'inspirant du modèle scandinave.

L'école en forêt commence en 1952 au Danemark, sous le nom de *Skovbørnehave*, littéralement le jardin d'enfants de la forêt. Il s'agit de reconnecter les enfants à la nature et leur faire découvrir ses problématiques : des arbres et branchages à traverser, surmonter sa peur des insectes, marcher sur un sol glissant sous la pluie… Tous ces défis sont source d'épanouissement pour les enfants. Ils sont fiers de s'entraider pour les relever, le travail d'équipe et l'altruisme étant au centre des valeurs transmises par cette éducation. Cela permet également à des profils de se révéler, pour des enfants qui ne sont pas faits pour l'apprentissage classique, où l'on recrache du savoir appris par cœur. Élise accompagne donc ses élèves chaque semaine en pleine forêt, à dix minutes à pied de l'école du petit village de Mancenans, dans le Doubs. Une fois sur place, ils installent leur classe de forêt tous ensemble, des rondins de bois disposés en cercle. Elle constate rapidement que les élèves sont grandement créatifs et autonomes lorsqu'ils n'ont pas un cadre et des consignes à respecter. Certains inventent un jeu ou fabriquent des poteries avec de la terre fraîche, d'autres grimpent aux arbres ou suivent les traces d'animaux sauvages.

Après plusieurs années à exercer l'école en forêt, Élise est convaincue de ses bénéfices pour les élèves, mais aussi pour les enseignants. En effet, son approche pédagogique est bien plus intuitive, elle s'adapte plus facilement aux observations et aux questionnements des enfants. Avec l'omniprésence de la technologie et l'urbanisation croissante des dernières décennies, nous vivons de moins en moins en plein air. Cette méthode fait prendre conscience du vivant et de la nature aux enfants, ce qui est devenu primordial dans un monde où l'environnement est une richesse qu'il faut protéger et chérir. Car c'est bien évidemment un moyen de sensibiliser les jeunes aux enjeux climatiques, à la faune et la flore en général. Ils développent un attachement particulier à la nature, qu'ils vont garder en grandissant, et s'efforceront de la préserver instinctivement. Une école sur cinq au Danemark est une école en forêt ! Et n'allez pas croire que les résultats sont moins bons qu'ailleurs : on apprend à lire, à écrire et à compter aussi bien, voire mieux, que dans les autres pays. Le Danemark est dans le peloton de tête dans les classements PISA, assez loin devant la France…

*
* *

En 1975, les premières calculatrices arrivent sur les pupitres des lycéens américains. Et que font les professeurs ? Les trois quarts les leur interdisent. Ils refusent que leurs élèves utilisent ces appareils de peur qu'ils n'en oublient les règles élémentaires de mathématique. Et puis les calculatrices prolifèrent et, deux ans plus tard, 84 % des enseignants les considèrent utiles [1].

C'est très vraisemblablement ce qu'il va se passer avec les moteurs d'intelligence artificielle. Évidemment, plus ils vont évoluer et plus il sera impossible de dire qui de l'élève ou du moteur a écrit tel passage voire tel texte. Mais en 2050, la question ne sera plus d'actualité. Tous les élèves auront accès à un assistant numérique. Tous les enseignants sauront exploiter les algorithmes conversationnels. L'outil sera banalisé comme le fut la calculette.

Qui a un jour décrété qu'un enfant plein d'énergie, toujours en mouvement et curieux de tout devait rester une journée entière assis en silence à une table pour bien apprendre ? L'activité est fondamentale dans l'acte d'apprentissage. Plus un enfant est actif, plus il est engagé dans ce qu'il fait, plus il est investi sur son sujet et plus il apprend. Mais cela ne vient pas tout seul. Dès la maternelle, la maîtrise des fonctions exécutives, ces habiletés cognitives qui nous permettent de contrôler nos pensées, nos émotions et nos actions, doit être une priorité pour les professeurs [2].

En 2050, les cours magistraux auront été remplacés par des classes inversées : les enfants se seront documentés sur un thème la veille et arriveront en classe avec leurs questions, le professeur s'attachant moins à déverser son savoir qu'à animer les échanges entre les groupes d'enfants, à réorienter la discussion ou à fluidifier la participation de tous. Pour aller plus loin, certains choisiront de proposer des classes renversées : par groupes, les élèves auront eux-mêmes réfléchi à la meilleure façon de transmettre les informations du cours et viendront les exposer à leurs pairs.

L'apprentissage sera bien davantage personnalisé. Les plateformes sur lesquelles les élèves réaliseront leurs exercices analyseront leurs bonnes et leurs mauvaises réponses, la façon dont elles ont été formulées ou le temps mis à réaliser les activités. Sur la base de ces données, elles leur proposeront de nouveaux exercices en fonction non seulement de leur niveau mais aussi de leurs appétences. Hier, l'enseignant distribuait le même exercice à toute la classe. Demain, chaque apprenant recevra l'exercice adapté à sa situation du moment.

Cette autonomisation des parcours d'apprentissage se conjuguera avec des travaux collectifs réguliers. Déjà, via les plateformes, les échanges entre les élèves seront encouragés et un tuteur à distance les accompagnera dans leur progression. Mais nombre de leurs activités se dérouleront en commun et c'est tout au long de leur scolarité qu'ils se familiariseront avec les travaux de groupe.

L'enseignement supérieur sera beaucoup plus ouvert qu'aujourd'hui. La structuration des formations par compétences et blocs de compétences facilitera les passerelles et les étudiants pourront plus facilement délaisser une filière pour une autre. L'alternance sera devenue la norme et, là aussi, les apprentissages se seront adaptés au rythme des apprenants. En France plus qu'ailleurs, on aura arasé les distinctions entre filières d'excellence type grandes écoles et filières massives type universités. Les années de césure pour les étudiants qui souhaitent monter des projets par eux-mêmes ou vivre des expériences enrichissantes seront financées et valorisées dans les cursus.

Les modalités d'apprentissage auront évolué en 2050, les contenus de ces apprentissages également. Au-delà des savoirs de base, on s'intéressera aussi aux savoir-faire, savoir-être et savoir-devenir. De multiples compétences essentielles à la réussite d'un enfant et d'un adulte au cours de sa vie, jusque-là absentes des cursus, y occuperont une place de choix : capacité à collaborer, pensée systémique, créativité, communication, curiosité… Tout au long de ses études, l'élève se découvrira ainsi dans une multitude de situations concrètes et non plus dans la seule confrontation avec des savoirs théoriques. Il en apprendra ainsi beaucoup plus sur lui, ce qu'il est et ce qu'il aime. Il apprendra également la bonne façon de « faire ses choix » et de s'orienter dans la vie afin de répondre autant à ses aspirations profondes qu'aux attentes de la société.

Dans les pays en voie de développement, la scolarisation, l'éducation sexuelle des filles et l'accès au planning familial permettront d'accompagner leur maturité démographique et d'améliorer très rapidement la qualité de vie. Car ces actions ont des répercussions sur des sujets aussi variés que la santé, la nutrition, l'égalité des sexes mais aussi l'adaptation au climat. Une étude menée dans 125 pays a ainsi montré que l'éducation (notamment chez les femmes) est le facteur socio-économique le plus déterminant associé à la baisse de la vulnérabilité face aux catastrophes naturelles [3].

Dans ces pays comme dans les nations développées, l'éducation ne sera plus reléguée au second plan. On aura enfin compris à quel point une société éclairée offre une vie économique et démocratique plus riche et plus saine. De fait, une attention toute particulière sera portée sur les jeunes en situation de décrochage. Pour éviter que près de 100 000 d'entre eux ne quittent le système scolaire sans diplôme chaque année (les sorties précoces concernent environ 8 % des 18-24 ans[4]), il aura fallu identifier très tôt les plus en difficulté. Des solutions d'accompagnement au sein des établissements scolaires mais également en dehors compenseront des défaillances où se cumulent souvent freins sociaux, familiaux, culturels et économiques.

L'école de 2050 ne sera pas une école méritocratique bâtie par et pour les plus adaptés mais une école inclusive qui saura ajuster ses rythmes et ses enseignements aux moins favorisés. Une école qui saura accueillir la différence plutôt que de proposer la même voie linéaire à tous. Une école qui ambitionnera l'épanouissement de chacun.

Action Happy End #28

Aider les pays en développement à donner aux jeunes filles l'accès à la scolarisation et au planning familial.

29

Se former tout au long de la vie

GHOST LOGITECH (SUISSE)

La récente pandémie a complètement bouleversé le marché de l'emploi. La banalisation du télétravail a fait un grand bond en avant. Le phénomène de grande démission, la quête d'équilibre entre vie personnelle et professionnelle sont autant d'éléments confirmant que nous sommes à l'aube d'une transformation de notre rapport au travail. Si certaines entreprises sont revenues aux règles d'antan, les réunions en distanciel sont rapidement devenues la norme. Organisé en urgence pour endiguer la propagation du virus, le télétravail est désormais pensé comme un outil pour limiter nos émissions de carbone. Si chaque entreprise européenne réduisait de 20 % ses déplacements, 22 millions de tonnes de CO_2 seraient économisées chaque année, car plus de la moitié des émissions sont liées aux déplacements professionnels. Pourtant, on sait que passer des journées collé sur son ordinateur n'a rien de particulièrement agréable, ça ne reste qu'un ersatz de vraies relations interpersonnelles.

Pour pallier ce déficit, certains ont massivement investi sur la téléprésence. Cette technologie permet à une personne, ou un groupe de personnes, d'interagir digitalement et de communiquer avec d'autres, en donnant pourtant l'impression d'être dans la même pièce. Les systèmes audiovisuels et informatiques de pointe (caméras, microphones et écrans) sont les principaux outils qui rendent cette téléprésence possible. Bien loin de la simple image projetée du locuteur, souvent de face et pixélisée. Le groupe Logitech a dévoilé, à travers son projet baptisé Ghost, une innovation qui risque de bouleverser notre manière de travailler. Le principe est simple : on s'installe dans un fauteuil à l'intérieur d'une sorte de petite cabine, comme un isoloir, dans laquelle est projeté un hologramme de l'interlocuteur à taille réelle, comme si tout le monde était physiquement au même endroit. Les caméras reproduisent les participants en 3D et donnent une incroyable impression de réalisme.

En remplaçant autour de 500 millions de déplacements professionnels par la téléprésence d'ici 2050, on pourrait éviter près de 10 % des émissions de CO_2 chaque année ! Pour les entreprises, l'investissement dans des systèmes de téléprésence permettrait de diviser par plus de 3 leurs coûts sur les voyages d'affaires, avec une augmentation substantielle de la productivité. Ces chiffres paraissent vertigineux, ils correspondent pourtant à une opportunité finalement pas si difficile à saisir ! D'ici 2050, il est possible que tous les domiciles soient équipés de ces technologies, le coin bureau devenant l'endroit où on pourra directement interagir avec ses collègues ou ses clients, comme s'ils étaient présents. Quand la science-fiction rejoint la lutte contre le réchauffement climatique…

*
* *

En 1930, John Maynard Keynes, qui deviendra une figure majeure de l'économie, est un des conseillers du gouvernement britannique. Il vient de publier ses *Lettres à nos petits-enfants* où il formule cette prédiction : dans cent ans, les individus ne travailleront plus que 15 heures par semaine et consacreront le reste de leur temps aux loisirs.

Les faits ne semblent pas lui avoir donné raison : les Français travaillent encore en moyenne un peu plus de 39 heures par semaine [1]. Ce chiffre est stable et rien ne laisse penser qu'il baissera dans les années à venir. L'anthropologue James Suzman [2] rappelle que nos ancêtres passaient des heures à chercher, à mastiquer et à digérer leur repas. Puis arriva le feu qui nous permit d'assimiler une nourriture plus variée et plus calorique en beaucoup moins de temps. Pour lui, le travail a une dimension physiologique : il est le moyen de dépenser l'énergie disponible grâce à ce changement de régime.

Le débat sur les retraites nous a montré qu'il ne s'agissait pas seulement de travailler beaucoup sur la semaine mais aussi de travailler longtemps dans sa vie. Entre le moment où nous serons entrés dans la vie active et celui où nous en sortirons, le travail aura toutefois connu une mue radicale. Il sera devenu plus formateur, l'éducation ne s'arrêtant pas à 20 ou 25 ans. Les plus de 55 ans, qui hier se formaient moins que leurs collègues plus jeunes [3], seront demain beaucoup plus souvent en formation afin de maintenir leur employabilité. En 2050, la formation professionnelle sera d'ailleurs totalement intégrée au flux du travail et tous les actifs sans exception pourront se former n'importe quand, de n'importe où, sur n'importe quel appareil et à n'importe quel rythme.

Les robots et les intelligences artificielles (IA), qui réaliseront des tâches répétitives, des tâches procédurales ou des tâches exigeant le traitement de données massives, n'auront pas réussi à remplacer l'humain. Les nombreuses failles dans la sécurité informatique des systèmes n'auront toutefois pas ralenti les entreprises dans la généralisation des IA. Des IA seront même dédiées à la surveillance d'autres IA. Mais en bout de chaîne, il y aura toujours des humains. C'est pourquoi la cobotique, cette collaboration de l'homme et de la machine, sera la règle dans une majorité de secteurs. Plus rapides, plus précis, plus puissants, les robots faciliteront des tâches qui n'en resteront pas moins soumises pour un grand nombre aux limites de la productivité humaine. Même si celle-ci, après un ralentissement au début du XXIe siècle, aura repris sa marche vers l'avant. La disparition des écrans (n'importe quelle surface pouvant faire office de support) et la multiplication des implants rendant quasiment naturelle la relation avec la machine. En contrepoint, les travailleurs se concentreront sur des compétences purement humaines, telles l'empathie ou l'intelligence émotionnelle. De nombreux actifs développeront un attachement singulier avec le robot qui accompagnera leur quotidien et les IA chargées de la médecine du travail traiteront de nouveaux syndromes.

À défaut d'oisiveté, connaîtra-t-on un chômage élevé ? Selon les estimations du Plan de transformation de l'économie française[4], rien n'est moins sûr : entre les créations (1,1 million) et les destructions (0,8 million), c'est un différentiel de plus 300 000 emplois à l'horizon 2050. Des secteurs comme l'agriculture (+420 000 emplois) ou le vélo (+230 000) connaîtront un afflux de main-d'œuvre.

Les formes que prendra le travail seront en revanche différentes. Si les tendances actuelles s'amplifient, le salariat ne sera plus la norme. Il n'aura été qu'une parenthèse, à cheval entre les XIXe et XXIe siècles, dans l'histoire du travail. Le lien de subordination entre une entreprise et un collaborateur se transformera en une relation client-fournisseur. Des syndicats d'un genre nouveau rassembleront les actifs tantôt selon leur profil, tantôt selon leur âge, tantôt selon leur origine géographique… Ils constitueront autant de nébuleuses collectives pour peser dans la balance des négociations avec les entreprises.

Grâce à la flexibilité et à la diversité des formations, les carrières seront composées d'expériences multiples, de reconversions, de pauses ou d'initiatives entrepreneuriales. Nous expérimenterons ainsi plusieurs métiers au cours de notre vie professionnelle et la variété des parcours sera un atout aux yeux des recruteurs. Le recrutement, d'ailleurs, ne sera plus dans bien des cas qu'une formalité. Notre profil, agrémenté d'un NPS (le *net promoter score*, cet indicateur marketing du taux de recommandation d'une marque), sera scanné par une IA afin de déterminer un niveau de correspondance avec l'équipe en fonction des attentes de l'employeur.

Les organisations les plus performantes ne seront plus de gros mastodontes aux allures de bureaucratie mais constituées d'une myriade de petites équipes autogérées, interconnectées par le truchement de plateformes dédiées. Par la distribution du pouvoir qui les caractérise, ces organisations offriront d'ailleurs une bien meilleure résistance en temps de crise que les organisations purement productivistes [5]. Et ne nous leurrons pas : même dans un monde décarboné, les crises continueront d'émailler la vie économique et la capacité de résilience sera un atout majeur.

Le sens du travail restera une question centrale. **Avec une semaine de 4 jours généralisée, il améliorera pour beaucoup l'équilibre vie professionnelle/vie personnelle.** Il sera très fortement évalué à l'aune de son utilité pour la société. Participer au bien-être collectif plutôt qu'à la destruction du vivant sera la plus noble des causes. Car c'est cette motivation qui nous aura portés toutes ces années pour réussir la décarbonation de notre économie.

Action Happy End #29

Encourager le développement de la téléprésence en entreprise.

30

Inventer la ville de demain

PAVEGEN (ROYAUME-UNI)

Lawrence est né à Londres, d'une lignée d'entrepreneurs. Son grand-père était le fondateur dans les années 1920 du groupe BP, le leader britannique des énergies fossiles. Son combat à lui, c'est un peu de rattraper ce qu'a fait son aïeul : trouver des solutions pour répondre au changement climatique. Ingénieur de formation, il a commencé par bricoler dans son garage pour concevoir des inventions dans le domaine de l'énergie. Il a notamment travaillé sur un projet de lampadaire urbain qui s'allume quand on marche à sa proximité. Comme il est doté d'une bonne maîtrise des réseaux sociaux, sa trouvaille ne tarde pas à faire le buzz. La vidéo devient virale, ce qui l'encourage à lancer sa propre entreprise. Pavegen se donne pour mission de créer de l'énergie dite cinétique, en utilisant les pas des passants.

Mais les choses ne se sont pas avérées si simples. Personne ne voulait des trouvailles de notre professeur

Nimbus tant que le concept n'avait pas fait ses preuves à l'usage. Tout le monde trouvait le projet génial, des pouvoirs publics aux acteurs privés, mais personne ne voulait prendre la responsabilité de le tester grandeur nature. Il décida alors d'enfreindre les règles et, de nuit, alla lui-même planter son lampadaire dans le quartier de Southbank. Il a ainsi remplacé les pavés de la route par ses pavés à lui, constitués de résine et d'aluminium recyclés et recouvrant un petit générateur. Chaque fois qu'un pas est effectué, cela active une roue sous le pavé qui tourne jusqu'à 10 secondes et créé ainsi de l'électricité, pour alimenter un marquage lumineux au sol. Quand les Londoniens se réveillent, ils n'en reviennent pas, l'installation de Lawrence devient une nouvelle fois virale sur les réseaux sociaux et les commandes des grandes marques commencent à pleuvoir !

Des terrains de foot éclairés dans les favelas de Rio par l'énergie des joueurs (et inaugurés par Pelé en personne) à ceux de Lagos au Nigeria promus par le rappeur Akon, Pavegen est devenu un symbole de ce que doit être l'énergie de demain : un bien précieux que nous devons optimiser et dont le système de production doit être réinventé. L'entreprise de Lawrence a développé 250 installations et a vendu des milliers de pavés dans 37 pays. Ce sont près de 100 000 passagers par jour qui contribuent à fournir de l'énergie à l'aéroport d'Abu Dhabi. Un kWh se produit en 720 000 pas, soit 40 minutes de passage à la station de métro d'Oxford Street à Londres. Bien sûr, il faudrait encore investir dans cette technologie pour lui permettre d'être compétitive en matière de prix, et ainsi en faire une véritable entreprise énergétique. La fabrication de ses pavés est déjà inférieure d'un tiers en termes d'empreinte carbone à celle des pavés de ciment traditionnel. Mais Pavegen veut aller encore plus loin en intégrant des panneaux solaires à ses installations, construire des routes entières pour illuminer les automobilistes, ou encore équiper des terrains de tennis. Que la lumière soit !

*
* *

En 2008, Paul Virilio, philosophe de la vitesse et de la technologie mais aussi ancien professeur à l'École spéciale d'architecture, décrivait encore la ville en devenir comme un espace de plus en plus grand dévolu au transit. La gare, le port et l'aéroport constituaient pour lui les principaux organes de ce qu'il appelait « l'outre-ville ». Et puis en quinze ans, la tendance s'est inversée. Si la ville est toujours aussi connectée, sa vocation n'est plus de s'étendre à l'infini afin d'aller capter ailleurs ce dont elle ne dispose pas en elle, mais au contraire de concentrer un maximum de services, d'activités et de productions en son sein. Même si elle ne sera jamais autarcique, elle n'a plus cette ambition d'aspirateur démographique et économique.

Pour faire face au dérèglement climatique, la ville de 2050 sera d'abord plus verte. Il ne s'agira pas de quelques touches cosmétiques mais bien de véritables espaces comme autant de poumons qui rafraîchiront la température au niveau du sol et séquestreront une partie du CO_2 émis. Au regard du

Green View Index[1] élaboré par une équipe du Massachusetts Institute of Technology (MIT), une ville comme Paris n'est végétalisée qu'à hauteur de 8,8 %, bien loin de Montréal (25,5 %), Francfort (21 %) voire New York (13,5 %). Et comme si les arbres n'y suffisaient pas, les tours dernière génération capteront elles aussi le carbone grâce à un composant, la guanidine, qui se transforme en cristal à son contact[2]. C'est donc une mue radicale qui aura eu lieu en quelques décennies.

Les maisons individuelles et les copropriétés se seront dotées de leurs installations potagères gérées par les services municipaux. Mais elles auront surtout vu fleurir dans chaque quartier de nombreuses fermes verticales. Nées en 2012 à Singapour, ville qui en comptait déjà 120 dix ans plus tard, elles permettent la production de végétaux sans contact avec la terre ou l'air. Ni pesticides, ni insecticides, ni herbicides, ni fongicides. Aucun risque d'inondation ou de sécheresse, de la pure culture hydroponique. Et surtout une production locale, vendue directement dans le quartier.

Si les villes respireront mieux, c'est aussi parce qu'elles seront plus propres. Les véhicules thermiques en auront été bannis définitivement et même les véhicules électriques n'y seront pas les bienvenus. Le « bruit » de la ville ne sera plus fait de moteurs qui vrombissent et de klaxons, mais de souffles et de dérailleurs. Car le plan de circulation fera la part belle aux mobilités douces et une multitude de quadricycles, de triporteurs, de vélos cargo ou de vélos voitures plus variés les uns que les autres s'y croisera. Des voies dédiées sécuriseront les trajets des cycles et faciliteront les allers-retours entre le centre et la banlieue.

Les zones piétonnes s'imposeront un peu partout. Des drones dont nous pourrons suivre l'approche directement depuis chez nous sillonneront le ciel pour accomplir les livraisons de dernier kilomètre. Les transports en commun connecteront le centre des villes à des zones bien plus reculées qu'aujourd'hui avec une fréquence bien plus régulière. Le confort des rames et les subventions publiques rendront les trajets indolores pour les corps comme pour les portefeuilles.

Plus vertes, moins polluées, plus silencieuses, les villes seront aussi plus économes. Selon l'ADEME, l'éclairage public compterait pour 37 % de la facture d'électricité des collectivités [3]. Elles auront donc pris le parti de piloter leurs illuminations avec des IA qui les adapteront en fonction de la luminosité et de l'affluence. Le principe sera identique pour le chauffage urbain, majoritairement collectif, dont l'intensité sera fonction de la température, de la qualité isolante du bâtiment mais aussi de la production énergétique.

La gestion de l'eau, notre ressource la plus précieuse, sera devenue ultra-rigoureuse. De nombreuses surfaces seront sanctuarisées afin de réduire au minimum l'imperméabilisation des sols (jusque-là, en France, entre 20 000 et 30 000 hectares étaient artificialisés chaque année [4]). Les réseaux seront régulièrement inspectés afin de limiter les fuites (avant que l'on ne s'en soucie, un litre sur cinq était perdu en moyenne [5]). Les eaux de pluie seront récupérées et réutilisées. Les habitants seront mis à contribution et suivront leur consommation d'eau avec le même scrupule que leurs factures énergétiques.

L'énergie sera d'ailleurs l'autre enjeu phare des villes. Plus aucun toit ne sera vierge de panneaux solaires. Les immeubles seront interconnectés afin que la production des plus efficients profite aux moins équipés. Les sols des squares où les enfants s'ébattent, les enceintes sportives où les athlètes comme les supporters se donnent à fond, et les salles de concert où les fans dansent sans s'arrêter, récupéreront l'énergie produite par ces mouvements incessants. Plus que tout, les services municipaux donneront le ton et la sobriété sera leur maître-mot.

Ces villes enfin seront plus inclusives que jamais. Finie la stricte séparation entre quartiers d'affaires, quartiers commerçants, quartiers touristiques et quartiers résidentiels voire dortoirs ou ghettos. On travaillera, on fera ses courses, on se divertira à proximité de chez soi. Les *commuters*, ces habitants de banlieue qui faisaient jadis la navette entre leur domicile et leur lieu de travail, ne seront qu'un vieux souvenir.

Les villes seront également des laboratoires grandeur nature de la démocratie et du vivre ensemble. Plutôt que de s'en remettre à des cyborgs pour y assurer la sécurité, elles auront choisi de renforcer les effectifs d'éducateurs et d'animateurs. À l'échelle d'un îlot, d'un quartier ou d'un arrondissement, des citoyens seront tirés au sort pour participer à la vie locale. Rien ne se fera plus sans ces conventions citadines multiples et perpétuellement renouvelées. Les villes ne seront plus des territoires d'exclusion ou de ségrégation mais des espaces mieux concertés et plus apaisés.

Action Happy End #30

Piloter à l'aide d'intelligences artificielles la consommation des éclairages, du chauffage urbain et de l'eau dans les villes.

Conclusion

En 1963, le psychologue américain Stanley Milgram a réalisé une expérience aujourd'hui bien connue. Il a demandé à des sujets, sous le regard motivant d'un expérimentateur, d'administrer une décharge électrique chaque fois que l'apprenant situé dans la pièce d'à côté répondait mal à la question posée. Cette expérience avait pour but de tester notre soumission à l'autorité. Plus l'apprenant se trompait et plus l'intensité de la décharge à infliger était élevée, plus l'intensité était élevée et plus l'apprenant protestait et criait sa douleur.

De nombreux sujets s'en inquiétaient et se tournaient vers l'expérimentateur : l'attitude inflexible de ce dernier les incitait à continuer… jusqu'à administrer trois décharges de 450 volts à l'apprenant (expérimentateur et apprenant étant, vous vous en doutez, des comédiens et aucun courant ne passant réellement). Milgram constata que plus de 60 % des sujets avaient suivi jusqu'au bout les injonctions de l'expérimentateur et avaient administré les décharges maximales malgré les hurlements de douleur de la fausse victime.

Avec le dérèglement climatique, nous semblons également soumis à une autorité supérieure, à la fois économique et politique, un « système » qui nous exhorte à nous infliger des décharges en toute conscience. À la fois victimes et bourreaux, malgré la douleur, nous ne nous arrêtons pas.

Et plutôt que de remettre en cause cette autorité, la société française préfère se fracturer toujours un peu plus, en laissant s'installer chaque jour de nouvelles tranchées : urbains/ruraux, jeunes/vieux, nantis/modestes, *bobos/beaufs*, tout le monde y passe. Le débat sur l'écologie ne débouche que sur des crispations. Nous sommes comme des lapins pris dans les phares d'une voiture, qui ne cesseraient de s'écharper avant de se faire écraser. Le fossé se creuse toujours plus, en même temps que la situation devient toujours plus critique, sauf pour les grandes multinationales, qui continuent d'enrichir grassement leurs actionnaires.

Le CAC 40 s'est rarement aussi bien porté. Il a atteint des niveaux historiques, alors que nous sommes en plein milieu d'une crise polymorphe. Il redouble d'inventivité pour nous faire oublier le paradoxe inextricable dans lequel nous évoluons : vivre au sein d'une économie capitaliste énergivore ayant pourtant besoin de rigoureusement diminuer son empreinte carbone. L'aspiration à la consommation de masse, la peur de la destruction d'emplois et la préservation d'intérêts privés sont autant de facteurs qui nous paralysent individuellement, et collectivement, pour véritablement entamer les changements nécessaires à la lutte contre le réchauffement climatique.

Pourtant, nous pourrions rapidement dépasser ce paradoxe. Les solutions pour atteindre un monde décarboné en 2050 sont à portée de main. Notre salut passera par un mélange de sobriété, de croissance/décroissance, et d'innovation technologique. Aucune de ces options ne peut à elle seule être suffisante, nous avons besoin d'enclencher les trois en même temps pour relever le défi.

Je suis convaincu que nous avons matière à avoir foi en l'avenir, car un autre récit économique existe. Une alternative crédible, et désirable pour le plus grand nombre. Une France décarbonée, avec une qualité de vie augmentée. Une écologie réellement populaire qui démontre qu'une croissance, si elle est sélective, peut être compatible avec les objectifs de protection de l'environnement, tout en créant un monde plus juste et équitable. Et bien sûr, sans tomber dans le *greenwashing*, ni se faire duper par l'immobilisme prôné sournoisement par les thuriféraires d'un capitalisme ultra-financiarisé.

Pour combattre l'effondrement du monde qui nous est prédit, il est indispensable d'entamer la bataille dès maintenant ! Sous prétexte de mondialisation, de passage à l'échelle, ou autre, on ne fait rien, alors que l'inaction est par essence irresponsable. Il ne nous reste que très peu de temps. Continuer à sensibiliser au climat c'est bien, mais c'est d'une mise en musique de solutions que nous avons urgemment besoin.

Notre profond changement de modèle va nous obliger à créer un nouveau contrat social. Les précédentes révolutions industrielles ont apporté leur lot de richesses, mais aussi de grandes inégalités. Une France zéro carbone est une France qui aura avant tout réussi à renouveler sa société de l'intérieur. L'équité est la clé de la réussite de toute action collective et de toute mutation. L'écrasante majorité a envie d'agir pour le futur, et est prête aux concessions nécessaires. Mais si et seulement si celles-ci sont réparties de manière équitable.

Rendre la fiscalité réellement progressive ; taxer les entreprises selon leur impact environnemental ; sanctionner le *greenwashing* et l'obsolescence programmée ; inciter financièrement les consommateurs à faire les meilleurs choix pour la planète ; empêcher le gaspillage ; recréer de l'égalité territoriale ; réguler la finance en faveur du climat ; recouvrer de la souveraineté pour développer nos industries ; repenser notre rapport avec les pays en développement ; inclure les externalités dans le calcul de notre richesse ; raisonner usage et non plus propriété ; préparer les salariés aux grandes transformations déjà en cours sur le marché du travail ; éduquer nos enfants pour les préparer au mieux au monde qui vient ; permettre l'accès aux soins à tous : voilà quelques lignes de force de la société nouvelle que nous devons bâtir.

Certes il y aura un lot de contraintes, des modifications nécessaires dans nos modes de vie (de l'alimentation aux transports, en passant par nos pratiques de consommation). Mais il y aura aussi des avantages, des coups de pouce, des incitations pour nous aider à faire des choix au quotidien favorables pour le climat. C'est cet équilibre qu'il nous faudra atteindre. Au final, si nous nous y prenons bien, les transformations indispensables seront quasi indolores. Nous nous interrogerons même pour savoir comment nous avons fait pour vivre aussi longtemps comme de tels enfants gâtés, et dans une telle inconscience.

Qui se souvient qu'à la fin du siècle dernier, on fumait encore dans les avions, dans les restaurants, les cinémas ? Qui se souvient qu'on conduisait sans ceinture ? Qu'on jetait les papiers par terre ? Qu'on ne ramassait pas les crottes de chien ? Nos comportements ont énormément évolué en quelques années ; l'être humain est beaucoup plus enclin au changement que l'on ne pense. Certes au début on râle, surtout quand on est français, mais finalement on sait aussi se réinventer et développer de nouvelles aptitudes.

Plutôt que de nous crisper, il est grand temps de nous projeter dans un autre monde qui, malgré les apparences, peut devenir meilleur. Ce n'est pas de l'optimisme béat de ma part, mais juste le constat que nous n'avons même pas encore essayé. Les défenseurs du *statu quo* tiennent encore les rênes du pouvoir. Il est temps de les déloger de leur piédestal et de reprendre notre destin en main. Appuyons-nous sur les forces vives (comme celles qui ont jalonné cet ouvrage) qui sauront écrire une autre fin pour 2050. À nous de leur faire confiance !

Et je sais que nous sommes largement majoritaires à espérer d'importantes transmutations. Aux jeunes générations qui rêvent du grand soir, j'ai envie de dire qu'il ne suffit finalement pas de grand-chose pour que leurs vœux d'un monde nouveau soient exaucés. L'avenir n'est peut-être pas aussi obstrué qu'il n'y paraît.

Et pour commencer, arrêtons avec cette inquisition verte qui s'est insidieusement introduite dans la société, absolument contre-productive pour la cause climatique. Pendant que chacun s'adonne à la passion triste de critiquer son voisin, rien ne bouge. Nous avons tous des contradictions. Plutôt que de nous les renvoyer en pleine figure, embrassons-les. Elles nous aideront aussi à trouver le passage pour gravir le sommet de cette imposante, mais néanmoins accessible, montagne de la décarbonation.

The (Happy) End

Notes

Ne plus croire aux beaux discours

1. Collectif, « Climate Change 2021: The Physical Science Basis », Contribution of Working Group I to the Sixth Assessment Report of the Intergovernmental Panel on Climate Change, *IPCC*, 2021.

2. The Shift Project, *Climat, crises : le plan de transformation de l'économie française*, Odile Jacob, 2022.

3. César Dugast, « Oui, la neutralité carbone est plus ambitieuse que le Facteur 4 ! », Carbone 4, 2019.

4. Ministère de la Transition écologique et solidaire, *Stratégie nationale bas carbone*, 2022.

L'écologie n'est encore qu'un sport de bobo

1. Jean Baudrillard, *La Société de consommation*, Folio Essais, Gallimard, 1970.

2. Jean-Hervé Lorenzi, coord., *Dissiper les incertitudes*, Les Rencontres économiques d'Aix-en-Provence, 2023.

3. Jérôme Fourquet et Jean-Laurent Cassely, *La France sous nos yeux*, collection Points, éditions du Seuil, 2021.

4. Fabien Pionneau, « Le vélo électrique dynamise un marché du cycle en forte croissance sur 2020 », *Les Numériques*, 9 avril 2021.

5. César Dugast et Alexia Soyeux, « Faire sa part ? », Carbone 4, 2019.

Personne ne veut de la décroissance

1. Timothy A. Judge *et al.* (2010), « The relationship between pay and job satisfaction : A meta-analysis of the literature », *Journal of Vocational Behavior* n° 77, 2010.

2. Johanna Barasz et Hélène Garner, coord., « Soutenabilités ! Orchestrer et planifier l'action publique », France Stratégie, 2022.

3. Timothée Parrique, *Ralentir ou périr*, éditions du Seuil, 2022.

4. Jean-Marie Harribey, « Les théories de la décroissance : enjeux et limites », *Cahiers français « développement et environnement »*, n° 337, 2007.

5. Citepa, *Inventaire des émissions de polluants atmosphériques et de gaz à effet de serre en France – rapport Secten*, 2022.

6. The Shift Project, *L'emploi : moteur de la transformation bas carbone*, 2021.

Oublier les fables du développement durable

1. Kyle Harper, *Comment l'empire romain s'est effondré*, La Découverte, 2019.

2. Lucas Chancel, Thomas Piketty, *Carbone et inégalité : de Kyoto à Paris*, Paris School of Economics, 2015.

3. Commission mondiale sur l'environnement et le développement, *Notre avenir à tous*, Nations unies, 1987.

4. Gwenaëlle Baudet, Léa Boissonade et Fabrice Cytermann, MEDDE/CGDD/DDD (2015), *Stratégie nationale de transition écologique vers un développement durable 2015-2020.*

5. « "Net Zéro", l'ambition de neutralité carbone annoncée par CCEP pour 2040 », Coca-Cola en France, 2020.

6. Sylvain Delage, « Les chiffres fous de la pollution au plastique générée par Coca-Cola », *Ouest-France*, 17 novembre 2022.

7. Steven Mufson, « BP, one of the world's biggest oil-and-gas companies, says it is turning over a green leaf », *Washington Post*, 12 février 2020.

8. ARCEP, ARCOM, *Référentiel des usages du numérique*, 2023.

Toujours les mêmes à faire des sacrifices

1. Gaëlle Macke, « Empreinte carbone : plus on est riche, plus on pollue », *Challenges*, 10 décembre 2021.

2. IFOP pour la Fondation Jean Jaurès, « Les Français, les voyages et l'avion », juin 2022.

3. « Les ménages les plus modestes dépensent davantage pour leur logement et les plus aisés pour les transports », *Insee Focus* 203, figure 1, 2020.

4. Benoît Tarroux, « Sommes-nous attachés à la progressivité de l'impôt ? », *La Vie des idées*, 9 juillet 2019.

5. Timothée Parrique, *op. cit.*

6. Ipsos/Sopra Steria pour *Le Monde*, la Fondation Jean Jaurès et le Cevipof, « fractures françaises », 2022.

7. « La perception des Français vis-à-vis du changement climatique », ADEME Infos, 7 juillet 2021.

8. Philippine Robert, « Voyages, conseillers, grands crus… le fastueux train de vie de l'Élysée », Capital.fr, 5 juillet 2017.

9. Léo Cohen, *800 jours au ministère de l'impossible – L'écologie à l'épreuve du pouvoir*, Les petits matins, 2022.

Mettre fin au PIB

1. Timothée Parrique, *op. cit.*

2. Simon Rogers, « Bobby Kennedy on GDP : "measures everything except that which is worthwhile" », *The Guardian*, 24 mai 2012.

Réussir le découplage

1. Ministère de la Transition Écologique, *Chiffres clés de l'énergie*, édition 2021.

2. *Ibid.*

3. Timothée Parrique, *op. cit.*

4. Justine Mossé et Clément Ramos, « Découplage et croissance verte », Carbone 4, 2021.

5. « Oui, la neutralité carbone est plus ambitieuse que le Facteur 4 ! », *op. cit.*

6. Yiqing Qi, « Produire plus, polluer moins… Est-ce vraiment possible ? », Ouest-France.fr, 13 novembre 2021.

7. Leïla Marchand, « États-Unis : la consommation de charbon chute à son plus bas depuis 1975 », *Les Échos*, 8 janvier 2020.

8. « Climate Change 2022 – Mitigation of Climate Change », *IPCC*, 2022.

9. Timothée Parrique, *op. cit.*

10. « Une crise énergétique est à l'origine de la première révolution industrielle », Greenwashing Economy, 4 juin 2022.

11. Iñaki Iriarte-Goñi et Isabel Ayuda, « Not only subterranean forests : wood consumption and economic development in Britain (1850-1938) », *Ecological Economics*, Elsevier, vol. 77(C), 2012.

12. The Shift Project (2022) *op. cit.*

Une 3e voie pour faire des économies

1. IFOP, Enquête sur la transition écologique, 2021.

2. Thomas Douenne, Adrien Fabre, *Opinion des Français sur les politiques climatiques*, Cepremap, document de travail n° 1906, 2019.

3. « Fractures françaises », *op. cit.*

4. IFOP, Enquête sur la transition écologique, 2021.

5. The Shift Project, *Climat, crises : le plan de transformation de l'économie française*, op. cit.

6. Michel Auzet, « Comment nourrir 10 milliards de personnes en 2050 ? », fiche, The Other Economy, 12 octobre 2021.

7. Michel Didier, Gilles Koleda et Raphaël Trotignon, *Les Enjeux économiques de la décarbonation de la France – Une évaluation des investissements nécessaires*, Rexecode, 2022.

8. Nicolas Dufrêne, Guillaume Kerlero de Rosbo, Christian Nico, coord., *2 % pour 2 °C – Les investissements publics et privés nécessaires pour atteindre la neutralité carbone de la France en 2050*, Institut Rousseau, 2023.

9. Jean Pisani-Ferry et Selma Mahfouz, « Les incidences économiques de l'action pour le climat », France Stratégie, 22 mai 2023.

10. Ministère de l'Économie et des Finances, Recensement économique de la commande publique, 2019.

11. Plan national pour des achats durables 2022-2025. Commissariat général au développement durable, 2022.

12. *The Economics of Climate Change : No Action Not an Option*, Swiss Re Institute, 2021.

Changer le système en profondeur

1. Aurore Colin et Clara Calipel, « Datalib, Chiffres clés du climat 2022, France, Europe, Monde », Ministère de la Transition écologique, I4CE, 2021.

2. Daniel W. O'Neill *et al.*, « A good life for all within planetary boundaries », *Nature Sustainability*, vol. 1, 2018.

3. « Que signifie "donner un prix au carbone" ? », La Banque mondiale, 11 juin 2014.

4. Max Roser, « Why did renewables become so cheap so fast ? », *Our World in Data*, 1er décembre 2020.

5. Marc Willinger, Ahmed Ennasri et Nasreddine Ammar, « Performance of the ambient tax : does the nature of the damage matter ? », *Environmental and Resource Economics*, 2014.

6. Dominique Bourg et Kerry Whiteside, « Pour une démocratie écologique », *La Vie des idées*, 1er septembre 2009.

Instituer une nécessaire sobriété

1. Kate Raworth, *La Théorie du donut*, Plon, 2018.

2. Plan de sobriété énergétique du Gouvernement, 2022.

3. Sébastien Bohler, *Le Bug humain – Pourquoi notre cerveau nous pousse à détruire la planète et comment l'en empêcher*, Robert Laffont, 2019.

4. Jared Diamond, *Le Monde jusqu'à hier*, Folio essais, Gallimard, 2013.

5. Plan de sobriété énergétique du Gouvernement, *op. cit.*

6. « La taille des logements ne progresse plus », Centre d'observation de la société, 19 juillet 2021.

7. « Évolution de la masse moyenne – Véhicules particuliers neufs vendus en France », Car Labelling – ADEME, 2023.

8. Florian Cézard, Marie Mourad, *Panorama sur la notion de sobriété – Définitions, mises en œuvre, enjeux (rapport final)*, ADEME, 2019.

9. *Sobriété – négaWatt présente ses propositions chiffrées*, Association négaWatt, 2022.

10. « On se fout de savoir ce que vous avez fait dans le passé », *Bon Pote*, 2022.

11. « Petit tuto pour lutter contre le "Gaspi" de l'essence en 1979 », INA, 2022.

12. Richard Thaler et Cass Sunstein, *Nudge – Comment inspirer la bonne décision*, Pocket, 2012.

13. Jared Diamond, *op. cit.*

Anticiper les turbulences du marché du travail

1. Léo Cohen, *op. cit.*

2. The Shift Project, *L'emploi : moteur de la transformation bas* carbone, *op. cit.*

3. World Economic Forum, *Jobs of tomorrow*, 2020.

4. Actes du 11e rendez-vous des métiers de l'économie verte, 25 avril 2017.

5. *Adaptation des compétences métiers aux spécificités de l'hydrogène*, France Hydrogène, 2022.

6. « Métiers verts et verdissants : près de 4 millions de professionnels en 2018 », Données et études statistiques pour le changement climatique, l'énergie, l'environnement, le logement, et les

transports, Ministère de la Transition écologique et de la cohésion des territoires, 2021.

7. The Shift Project (2021), *op. cit.*

8. Nicolas Dufrêne, Guillaume Kerlero de Rosbo, Christian Nico, coord., *op. cit.*

9. Guillaume Compain et Anna-Lena Rebaud, *Pour une transition juste*, Les Amis de la Terre, Institut Rousseau, Institut Veblen, 2022.

10. « Quelles sont les conditions d'emploi des salariés à temps partiel ? », DARES, 2020.

11. « L'essentiel sur… le chômage », Insee, juin 2023.

12. « Les chiffres du burn-out en France », OCM, 27 janvier 2023.

Payer moins cher ce qui est bon pour la planète

1. Thomas Douenne, Adrien Fabre, *op. cit.*

2. Christian Gollier, « Fin du mois et fin du monde : comment concilier économie et écologie ? », à visionner sur YouTube, Collège de France, 24 janvier 2022.

3. « CO_2 : le marché européen du carbone en sept questions », *Vie Publique*, 2022.

4. « The Carbon Con », SourceMaterial, avec *Die Zeit* et *The Guardian*, 2023.

5. Mireille Martini, « Rapport Financements pour le climat – Que sont devenues nos recommandations ? », Chroniques de l'Anthropocène, le blog d'Alain Grandjean, 16 décembre 2020.

6. Christian de Perthuis, « Pourquoi l'Europe a besoin d'une banque centrale du carbone », *Revue de l'OFCE*, 120, 2012.

Refondre la fiscalité

1. Thomas Piketty, *Capital et idéologie*, éditions du Seuil, 2019.

2. Camille Landais, Thomas Piketty et Emmanuel Saez, *Pour une révolution fiscale*, coll. « La République des idées », éditions du Seuil, 2011.

3. « Victoire ! La France ne soutiendra plus de projets d'énergies fossiles à l'étranger », Les Amis de la Terre, 27 septembre 2022.

4. « 67 milliards d'euros de dépenses néfastes pour le climat et la biodiversité », Réseau Action Climat, 6 décembre 2022.

5. « Une "TVA verte" à taux réduit réclamée par une soixantaine de dirigeants d'entreprise », *Le Monde* avec AFP, 9 octobre 2022.

6. « Chiffres clés des énergies renouvelables – Édition 2021 – Solaire photovoltaïque», Ministère de la Transition écologique et de la Cohésion des territoires, juillet 2021.

Rééquilibrer les territoires

1. « L'Insee change de méthode et la population rurale passe de 25 % à 33 % ? », Centre d'observation de la société, 13 décembre 2021.

2. « Exode urbain : un mythe, des réalités », Ministère de la Transition écologique et de la Cohésion des territoires, 2022.

3. Romain Chicheportiche, « Crowdfunding : 185 M € pour la transition énergétique », GreenUnivers, 2022.

4. Nolwenn Weiler, « Transition énergétique – Les territoires à la rescousse ? » *Kaizen* n° 64, septembre-octobre 2022.

5. Paul Neau et Grégoire Souchay, « Faut-il interrompre le développement des éoliennes ? », Vie publique, 2022.

6. « La méthanisation en 10 questions », ADEME, octobre 2021.

7. The Shift Project (2021), *op. cit.*

8. Gauthier Chapelle et Pablo Servigne, *L'Entraide – l'autre loi de la jungle*, Les liens qui libèrent, 2017.

9. Alice Brauns *et al.*, *Le Coût des politiques vélo*, Club des villes et territoires cyclables, avec la participation de l'ADEME, 2020.

10. The Shift Project (2022), *op. cit.*

Recouvrer notre souveraineté industrielle

1. *World Energy Outlook 2022*, International Energy Agency, 2022.

2. Caroline Garrett, « Pays les plus pollueurs au monde : classement valable en 2023 », Climate Consulting, 20 février 2023.

3. Joseph Stiglitz, *La Grande Désillusion*, Folio, Gallimard, 2002.

4. Oluwole Ojewale, « What coltan mining in the DRC costs people and the environment », The Conversation, 29 mai 2022.

Investir massivement dans l'avenir

1. Tristan Gaudiaut, « Comment la diffusion des innovations s'accélère », Statista, 20 mai 2022.

2. Mathilde Rochefort, « ChatGPT bat le record de la croissance la plus rapide du nombre d'utilisateurs », Siècle Digital, 6 février 2023.

3. « *Global Innovation index 2022*, What is the future of innovation-driven growth ? », World Intellectual Property Organization, 2022.

4. Hugo Hollanders et Nordine Es-Sadki, coord., *European Innovation Scoreboard*, European Commission, 2021.

5. « La Commission se félicite de l'accord politique intervenu sur "Horizon Europe", le prochain programme de recherche et d'innovation de l'UE », Commission européenne, 2020.

6. « Baromètre OEB 2022 : la France reste le deuxième pays le plus innovant d'Europe », INPI, 28 mars 2023.

7. « État de l'Enseignement supérieur, de la Recherche et de l'Innovation en France n° 16, Recherche et Innovation, La recherche en environnement », Ministère de l'Enseignement supérieur et de la Recherche, 2020.

8. Maxime Ledez et Hadrien Hainaut, *Panorama des financements climat 2022*, I4CE, 2022.

9. *Banking on Climate Chaos – Fossil fuel finance report 2021*, 2021.

10. Adrien Lelièvre, « COP 26 : l'envol des investissements dans les start-up qui luttent contre le changement climatique », *Les Échos*, 26 octobre 2021.

11. Hugo Hollanders et Nordine Es-Sadki, coord., *op. cit.*

12. Alain Grandjean, Julien Lefournier et Gaël Giraud, *L'Illusion de la finance verte*, éditions de l'Atelier, 2021.

13. Hugo Hollanders et Nordine Es-Sadki, coord., *op. cit.*

Électrifier la France

1. Ministère de la Transition écologique et solidaire (2021), *op. cit.*

2. *Ibid.*

3. Amélie Canonne et Clémence Dubois, « La France est complice de l'exploitation du charbon allemand à Hambach », Reporterre, le média de l'écologie, 22 septembre 2018.

4. Concepcion Alvarez, « Non, la sortie du nucléaire en Allemagne n'est pas associée à la relance du charbon », Novethic, 17 avril 2023.

5. « Chiffres clés des énergies renouvelables – Édition 2021 – Les énergies renouvelables en France », Ministère de la Transition écologique et de la Cohésion des territoires, juillet 2021.

6. *Ibid.*

7. Michael Schmela, coord., *Global market outlook for solar power 2019-2023*, Solar Power Europe, 2019.

8. Bernard Deboyser, « Hydrogène : vous le voulez vert, bleu, gris, jaune ou nature ? » Révolution Énergétique, 28 octobre 2020.

9. Vincent Nouyrigat, « Hydrogène blanc – L'énergie que personne n'attendait », *Epsiloon* n° 23, 2023.

10. « Hydrogen », IRENA.

11. Ministère de la Transition écologique et solidaire (2021), *op. cit.*

Rendre le métier d'agriculteur attractif

1. https://www.fao.org/faostat/fr/#rankings/commodities_by_country

2. « Les émissions d'ammoniac (NH3) », ADEME, 2018.

3. https://www.fao.org/faostat/fr/#country/68

4. The Shift Project (2021), *op. cit.*

5. Olivier de Schutter, *Rapport du rapporteur spécial sur le droit de l'alimentation*, Conseil des droits de l'homme, ONU, 2010.

6. Lilas Pepy, « L'agriculture bio peut-elle nourrir la planète ? », *Kaizen* n° 64, septembre-octobre 2022.

7. Matthieu Calame, *La Révolution agro-écologique : Se nourrir demain*, éditions du Seuil, 2023.

8. Aude Raux, « Semences – À la racine de l'agriculture », *Kaizen* n° 37, mars-avril 2018.

9. « Exploitations agricoles – Tableaux de l'économie française », Éditions 2020, Insee, 27 février 2020.

10. Nicolas Dufrêne, Guillaume Kerlero de Rosbo, Christian Nico, coord. (2023), *op. cit.*

11. Pauline Moullot, « Agrivoltaïsme : attention à ne pas tomber dans le panneau », *Libération*, 5 décembre 2021.

12. « La déforestation mondiale ralentit, mais les forêts pluviales tropicales sont toujours menacées (FAO) », ONU Info, 6 mai 2022.

13. Jean-Baptiste Veyrieras, « Comment sauver la forêt française », *Epsiloon* n° 19, 2023.

En finir avec le mythe du recyclage

1. The Shift Project (2021), *op. cit.*

2. « Chiffres clés du climat, France, Europe, Monde – Édition 2021 – Émissions de GES de l'industrie », Ministère de la Transition écologique et de la Cohésion des territoires, 2021.

3. « Chaleur fatale, de quoi parle-t-on ? », ADEME Grand-Est.

4. Katharine Wilkinson, coord., *The Drawdown review*, Project Drawdown, 2021.

5. Emmanuelle Picaud, « Béton bas carbone – Pourquoi il n'y a pas de solution miracle », *Epsiloon* n° 21, 2023.

6. The Shift Project, *Décarboner l'industrie sans la saborder*, 2022.

7. Ivan Lucas et Antonin Gajan, « Le parcours du lithium – Depuis l'extraction jusqu'à la batterie », *CultureSciences-Chimie*, 15 février 2021.

8. The Shift Project (2022), *op. cit.*

9. The Circularity Gap Report, 2023.

10. *Ibid.*

11. The Shift Project (2022), *op. cit.*

12. Emmanuelle Ledoux *et al.*, *Pivoter vers l'industrie circulaire – Quels modèles ? Comment accélérer ?* OPEO, INEC, 2021.

Repenser le transport de marchandises

1. The Shift Project (2021), *op. cit.*

2. Colllectif, « Climate Change 2022 : Mitigation of Climate Change », IPCC, 2023.

3. *Enjeux du déploiement des points de recharge en France à l'horizon 2030*, Tera Consulting, juin 2021.

4. Nicolas Dufrêne, Guillaume Kerlero de Rosbo, Christian Nico, coord., *op. cit.*

5. The Shift Project (2021), *op. cit.*

6. *Le Marché français du transport ferroviaire de marchandises*, Autorité de régulation des transports, 2018.

7. Nicolas Dufrêne, Guillaume Kerlero de Rosbo, Christian Nico, coord., *op. cit.*

8. « Stratégie nationale pour le développement du fret ferroviaire », Ministère chargé des Transports, 2021.

9. Claudia Judith et Zéhir Kolli, *Poids lourds autonomes : étude socio-économique prospective*, Ministère de la Transition écologique, 2022.

10. The Shift Project (2021), *op. cit.*

Endiguer la guerre des métaux

1. Richard Schodde (2010), *The key drivers behind resource growth : An analysis of the copper industry over the last 100 years*, MinEx Consulting, 2010.

2. Jean Laherrère, « World metal peaks », ASPO France, 23 mai 2021.

3. Yves Jégourel et Philippe Chalmin, « Dynamique du prix des matières premières et stratégies industrielles des pays producteurs africains : quels enjeux ? », *Revue internationale de politique de développement*, 8.1, 2017.

4. « Les matières premières critiques », CEA, Découvrir et comprendre, 2 février 2022.

5. « Ruée minière au XXIe siècle : jusqu'où les limites seront-elles repoussées ? – Aurore Stephant à USI », USI Events, à visionner sur YouTube, 12 juillet 2022.

6. Ross Garnaut, *The Superpower Transformation*, La Trobe University Press, 2022.

7. John S. Lewis, *Mining the Sky : Untold Riches from the Asteroids, Comets, and Planets*, Basic Books, 1997.

Nettoyer le monde

1. Antoine Buéno, *L'effondrement du monde n'aura probablement pas lieu*, Flammarion, 2022.

2. The Shift Project (2022), *op. cit.*

3. *Energy technology perspective – Special report on Carbon Capture Utilisation and Storage*, IEA, 2020.

4. « Quel rôle pourrait jouer le captage et stockage du carbone dans la transition ? » ? CITEPA, 21 décembre 2022.

5. Vincent Nouyrigat, « Reforestation – La grande illusion », *Epsiloon* n° 2, 2021.

6. Simon Lewis, « Restoring natural forests is the best way to remove atmospheric carbon », *Nature*, 2021.

7. Marie Perez, « L'océan, puits de carbone à l'avenir incertain », INSU CNRS, 9 juillet 2021.

Mieux se nourrir

1. « Quand la planète mange toujours plus de viande », *Le Point*, 31 août 2022.

2. *Situation des forêts du monde*, FAO, 2016.

3. *Moins mais mieux*, Greenpeace France, 2018.

4. *Ibid.*

5. *Ibid.*

6. Fanny Costes, « Les Français carnivores raisonnés », *Kaizen* n° 63 juillet-août 2022.

7. Audrey Garric, « Un tiers des ménages français sont "flexitariens", 2 % sont végétariens », *Le Monde*, 4 décembre 2017.

8. Françoise Cartron et Jean-Luc Fichet, *Vers une alimentation durable : un enjeu sanitaire, social, territorial et environnemental majeur pour la France*, Rapport d'information au Sénat, 2020.

9. Céline Gallen, Gaëlle Pantin-Sohier, Valérie Hémar-Nicolas, « Les enfants sont-ils prêts à manger des insectes ? » The Conversation, 2023.

10. Fanny Costes, « Élever des insectes – Nécessité ou lubie ? », *Kaizen* n° 62, mai-juin 2022.

11. Béatrice Darcy-Vrillon, « L'intérêt des algues en alimentation humaine », Caducée.

12. « Utilisation des algues en alimentation », Aquaculture, IFREMER, 1er novembre 2004.

Faire la chasse au gaspi

1. « Nouvelle plainte de HOP contre Apple pour obsolescence programmée et entraves à la réparation », Halte à l'obsolescence programmée, 7 décembre 2022.

2. « Le recyclage, un enjeu stratégique pour l'économie », ADEME, 30 août 2021.

3. « International E-Waste Day : 57.4M Tonnes Expected in 2021 », WEEE Forum, 13 octobre 2021.

4. Md Shahariar Chowdhury *et al.*, « An overview of solar photovoltaic panels' end-of-life material recycling », *Energy Strategy Reviews*, volume 27, janvier 2020.

5. The Circularity Gap Report, 2023.

6. Flore Berlingen, « Le recyclage se nourrit du jetable et contribue à perpétuer son utilisation », *Usbek et Rica*, 2020.

7. Fanny Costes, « Très chère poubelle ! », *Kaizen* n° 65, novembre-décembre 2022.

8. Peggy Baron, « Le natural branding : tatouer les fruits et légumes pour réduire les déchets », *L'ADN*, 2023.

9. Fanny Costes, « Le vrai prix du vrac », *Kaizen* n° 61, mars-avril 2022.

Passer de la propriété à l'usage

1. « Mobilités bas carbone : découvrez les résultats d'une enquête d'opinion inédite », La Fabrique de la Cité, 6 janvier 2022.

2. Amartya Sen, *L'Idée de justice*, coll. Champs essais, Flammarion, 2010.

3. ADEME, *Bouger autrement au quotidien*, 2023.

4. « Le bilan des déplacements à Paris en 2020 », Ville de Paris, 31 janvier 2022.

5. Chantal Brutel et Jeanne Pages, « La voiture reste majoritaire pour les déplacements domicile-travail, même pour de courtes distances », *Insee Première* n° 1835, 2021.

6. Fanny Costes, « Pollution de l'air – Comment respirer sans suffoquer », *Kaizen* n° 55, mars-avril 2021.

7. Aurélien Bigo, « Le train, grand oublié de la transition énergétique ? », The Conversation, 20 juin 2018.

8. « Transport aérien : où en est-on ? » La fabrique écologique, 16 juin 2022.

9. Stefan Gössling et Andreas Humpe, « The global scale, distribution and growth of aviation : Implications for climate change », *Global Environmental Change*, volume 65, 2020.

10. Aude Raux, « Les communes remettent en selle le cheval territorial », *Kaizen* n° 27, juillet-août 2016.

11. « Le vélo est le meilleur moyen de décarboner nos mobilités (4/5) », Bon Pote, 31 août 2021.

12. « Développement du covoiturage – Édition 2023 – Axe 3 », Le Fonds vert, Fonds d'accélération de la transition écologiques dans les territoires, Ministère de la Transition écologique et de la Cohésion des territoires, 2023.

13. « Black-Star et Mobivia réinventent ensemble la roue à Béthune ! », Communiqué de presse Black-Star, 2 juillet 2021.

Atteindre le zéro carbone dans nos logements

1. Muriel Valin, « Voici les nouveaux matériaux vivants ! », *Epsiloon* n° 9, 2022.
2. The Shift Project (2022), *op. cit.*
3. Nicolas Dufrêne, Guillaume Kerlero de Rosbo, Christian Nico, coord., *op. cit.*
4. Pablo Maillé, « Pour refroidir les surfaces, des chercheurs créent la peinture "la plus blanche du monde" », *Usbek et Rica*, 27 avril 2021.
5. Chad Frischmann *et al.*, « Green and Cool Roofs », *Project Drawdown*, 23 février 2023.
6. Alexandre Tavin et Alexia Leseur, *Végétaliser la ville – Pour quels bénéfices, avec quels financements, suivis et gouvernances des projets ?*, I4CE, 2016.
7. The Shift Project, *Habiter dans une société bas carbone*, 2021.

Développer une médecine prédictive pour tous

1. Jean-Baptiste Veyrieras, « Et si on avait enfin compris le cancer », *Epsiloon* n° 23, 2023.
2. The Shift Project (2022), *op. cit.*
3. « Pixyl : quand l'IA décrypte l'imagerie médicale », Inria, 20 septembre 2021.

Préparer les plus jeunes au monde de demain

1. Sarah A. Banks, *A historical analysis of attitudes toward the use of calculators in junior high and high school math classrooms in the United States since 1975*, Thèse de doctorat, Cedarville University, 2008.
2. Céline Alvarez, *Les Lois naturelles de l'enfant*, Les Arènes, 2016.

3. « Girls' Education, Family Planning, and Climate Adaptation », Project Drawdown, 6 mars 2023.

4. « Sorties précoces du système scolaire – Indicateurs de richesse nationale », Insee, 16 juin 2023.

Se former tout au long de la vie

1. « Durée et organisation du temps de travail – Emploi, chômage, revenus du travail », Édition 2021, Insee, 29 juin 2021.

2. James Suzman, *Travailler – La grande affaire de l'humanité*, éditions Flammarion, 2021.

3. Dominique Demailly, « Formation professionnelle : quels facteurs limitent l'accès des salariés seniors ? » *Dares Analyses* n° 031, 2016.

4. The Shift Project (2021), *op. cit.*

5. Philippe Aghion *et al.*, « Turbulence, Firm Decentralization, and Growth in Bad Times », *American Economic Journal : Applied Economics*, vol. 13, n° 1, 2021.

Inventer la ville de demain

1. « Exploring the Green Canopy in Cities around the World, Treepedia », MIT Senseable City Lab.

2. Muriel Valin, « Des tours qui se nourrissent de pollution », *Epsiloon* n° 6, 2021.

3. « Patrimoine des communes : comment passer à l'action ? Éclairage public : un gisement d'économies d'énergie », ADEME expertises, Agence de la transition écologique.

4. Ministère de la Transition écologique et de la Cohésion des territoires / Ministère de la Transition énergétique. Artificialisation des sols, 2022.

5. Sophie Lao et Sophie Portela, *Observatoire des services publics d'eau et d'assainissement – Panorama des services et de leur performance en 2020*, Office français de la biodiversité, 2021.

Table des matières

PREMIÈRE PARTIE
La transition écologique n'a pas commencé

DEUXIÈME PARTIE
Une troisième voie est possible

TROISIÈME PARTIE
Transformer notre économie

QUATRIÈME PARTIE
Mieux vivre en 2050

Cet ouvrage a été mis en pages par

<pixellence>

CET OUVRAGE
A ÉTÉ ACHEVÉ D'IMPRIMER
SUR ROTO-PAGE
PAR L'IMPRIMERIE FLOCH
À MAYENNE EN AOÛT 2023

N° d'édition : 595978-0 N° d'impression : 103074
Dépôt légal : septembre 2023
Imprimé en France